“爆火的秘诀”丛书

小红书快速涨粉高阶玩法

向上◎著

扫码获取
- 快速涨粉真经
- 直播变现攻略
- 内容爆火逻辑

SPM 南方传媒
广东经济出版社
·广州·

图书在版编目（CIP）数据

小红书快速涨粉高阶玩法 / 向上著. —广州：广东经济出版社，2024.2
（“爆火的秘诀”丛书）
ISBN 978-7-5454-9065-7

Ⅰ.①小…　Ⅱ.①向…　Ⅲ.①网络营销　Ⅳ.① F713.365.2

中国国家版本馆 CIP 数据核字（2024）第 001490 号

责任编辑：蒋先润
责任技编：陆俊帆

小红书快速涨粉高阶玩法
XIAOHONGSHU KUAISU ZHANGFEN GAOJIE WANFA

出版发行：广东经济出版社（广州市水荫路 11 号 11 ～ 12 楼）
印　　刷：广州市东盛彩印有限公司
（广州市增城区新塘太平洋工业区十路 2 号）

开　　本：730 毫米 ×1020 毫米　1/16　　**印　　张**：15.25
版　　次：2024 年 2 月第 1 版　　**印　　次**：2024 年 2 月第 1 次
书　　号：ISBN 978-7-5454-9065-7　　**字　　数**：225 千字
定　　价：58.00 元

发行电话：（020）87393830　　编辑邮箱：286105935@qq.com
广东经济出版社常年法律顾问：胡志海律师　　法务电话：（020）37603025
如发现印装质量问题，请与本社联系，本社负责调换

前 言
Preface

找寻小红书的高阶玩法

短视频时代各平台风起云涌，抖音、快手、小红书、B站和微信视频号成为其中耀眼的五颗明星。小红书以其种草功能最先吸引用户的关注，毫不夸张地说，小红书的出现，大大缩短了明星、达人、品牌和消费者之间的距离，令消费场景变得更有情感和温度。人们将这种由内容浏览引发的消费逻辑称为“新消费模式”。

在此基础上，作为互联网的“原住民”，年轻消费者对品牌和自我消费的认知变得更加理性、更为成熟，且具有更强烈的分享意愿。于是，“种草”便成了影响年轻消费者做消费决策的重要因素。

在当前各种各样的营销信息“轰炸”的环境下，小红书堪称信息“过滤器”，能够帮助消费者在短时间内获得真正有价值的信息。小红书打通了社区，将具备相同消费需求的用户和能够提供解决方案的品牌方高效地连接在一起，为消费者提供良好的信息参考，为品牌方搭建高效的推广平台，最终实现了多方共赢。

小红书的神奇之处在于，看似平常的信息浏览行为，能够悄悄地刺激用户的消费欲望。更神奇的是，小红书的搜索能构建出一个非常清晰的消费决策场景。以小红书上的扫地机器人内容为例：用户先看到了几条A品牌扫地机器人的相关内容分享，然后又看到了几条B品牌扫地机器人的内容分享，最终在大脑中形成了这样的印象，即A品牌扫地机器人更擅长吸入毛发，适合养宠物的家庭；B品牌扫地机器人则擅长吸入汤汁，适合有小孩的家庭。也就是说，消费者在小红书上看似无聊的浏览行为，会营造出一个又一个理性的消费场景，潜移默化地影响消费者的消费决策。

这便是小红书深受年轻消费者喜爱的根本原因。小红书平台上的内容，无论是美妆、宠物还是美食分享方面，都能直达消费者的消费痛点。比如，一个想要变美的年轻女孩，在小红书上学会了如何用一个眼影盘画出不同风格的眼影，如何根据自己的肤质购买最适合的护肤品。这样的内容很容易在消费者和品牌方之间搭建起信任的桥梁。有了信任，产品便更容易获得消费者的认可，小红书博主自然也就成了品牌方的潜在合作方。

事实也是如此，对众多在小红书上做推广的品牌来说，能够获得的营销红利超级可观。不管是元气森林、钟薛高，还是拉面说、完美日记，依靠小红书做品牌口碑沉淀的玩法屡试不爽，都能在短时间内制造引爆效果，令品牌火速出圈。它们瞄准了年轻消费者的细分需求，通过小红书大量种草，快速收集反馈意见，及时改进产品方案和广告投放策略，最终实现从量到质的飞跃，在消费者心中留下了深刻的印象。

当然，让消费者成功在小红书上被种草，做好品牌的推广，只有一腔热忱是远远不够的，还需要相应的高超技巧。只有在定位掌控、算法认知、内容挖掘、视频策划、直播话术、盈利模式等方面精确把握，才有机会于千万竞争对手中杀出一条成功的品牌孵化之路。

向上

2023年秋

目 录

Contents

快速涨粉真经
分享快速涨粉精髓·学会短视频运营技巧
直播变现攻略
学习直播变现·提升整体收益
内容爆火逻辑
解码爆款内容·快速涨粉上热门
内容趋势洞察
掌握趋势内容·引领小红书潮流
小红书
微信扫码
加入小红书网感养成
训练营
在线学养号秘诀·Get小红书涨粉高阶玩法

第1章

火爆全网的小红书究竟是什么

小红书是年轻人聚集的社区，是泛生活的内容分享平台。它以超强的实用性为大家所熟知，又以浓郁的青春气息和趣味性内容为大家所喜欢，因此，现阶段，小红书虽然没有抖音、快手等平台那样庞大的用户基数，但却拥有超高的粉丝黏性和商业转化率。

1.1 三条腿走路的小红书

小红书究竟是什么？诞生伊始，它是一个用户聚集分享心得的社区；之后随着小红书的不断成长，短视频的迅猛发展，用户变现需求越来越强烈，小红书慢慢具备了电商属性；进入直播时代，小红书也积极地与时俱进，开启了直播带货的商业之路。三条腿走路的小红书，发展越发迅猛，对用户的吸引力也变得更大。

1.1.1 社区

对于用户而言，小红书首先是一个有趣、有用的社区，志同道合的用户聚集在这个平台，通过文字、图片和视频形式分享自己的生活方式以及对某个事物、某种问题的看法。

具体而言，我们可以从两个方面来认识小红书的社区属性。

内容社交属性明显

小红书是年轻人聚集的平台，而年轻人的社交需求更为强烈。因此，小红书在首页设计和内容呈现方面，都带有极为强烈的社交属性。

具体而言，小红书社交属性的载体主要有两个，如图1-1所示。

图 1-1　小红书两大社交属性载体

一方面，小红书将首页设置为三大内容板块，分别为关注、发现和本地，各个内容板块的社交意义，如表1-1所示。

表1-1 小红书首页各内容板块的社交意义

内容板块	分析	举例
关注	关注板块通过瀑布流的形式展示用户关注的博主发布的笔记，方便用户及时了解最新内容	关注了"叮叮喵"，进入关注板块后便会看到其最新笔记
发现	发现板块主要是根据用户行为表现出来的可能喜好，向其精准地推送标签匹配内容	经常搜索"素描"，发现板块便会推荐素描类内容
本地	本地板块集中展示用户所在城市博主最新发布的笔记，方便用户了解本地动态，结识本地朋友	用户所在地"北京"，本地板块便会展示北京博主的笔记

另一方面，在内容展现上，小红书笔记也具有很强的社交属性。小红书笔记的内容普遍具有实用性强、分享度高的特点，在为博主带来更多粉丝的同时，牢牢地将用户绑定在小红书平台上。

互动渠道多样

为了能够让用户和博主更好地互动，小红书为两者搭建了多条互动渠道，如表1-2所示。

表1-2 小红书博主和用户的互动渠道

互动渠道	分析	举例
点赞	用户可通过点赞的形式表达对小红书博主所发布笔记的喜爱之情，与博主互动	博主发布了《100元吃遍银川怀远夜市》，喜欢就点赞
收藏	如果用户认为小红书博主发布的笔记对自己提升某方面能力有帮助的话，可以点击收藏	博主发布的《食物也有性别》，实用性很强，收藏慢慢看
评论	用户可以针对小红书笔记的选题、情节以及人物的动作语言等提出自己的建议	看了《期末考试取消后的六种表情》，立即参与评论

（续表）

互动渠道	分析	举例
弹幕	在视频笔记中，用户还能通过发弹幕的形式，发表看法，和其他用户实时互动	属兔的你在《兔年的你》视频笔记中发弹幕和其他人互动
私信	用户可以在小红书主页，通过“发消息”选项和博主讨论某个自己关注的问题	用户发私信给本地博主，请教发布短视频的相关技巧

1.1.2 电商

小红书除了是一个年轻人聚集的分享社区之外，还带有明显的商业属性，是一个潜力无限的电商平台。每个人，不管是刚在小红书上发布第一个笔记的新人，还是持续输出内容、拥有一定粉丝数量的“老人”，只要其发表的笔记内容过硬、方法得当，都能利用平台电商属性获得一定的商业价值。

具体而言，小红书的电商属性主要表现在三大方面，如表1–3所示。

表1–3 小红书的电商属性

电商属性	分析	举例
分享种草	通过分享某种物品的使用心得、测评其具体性能等方式在用户心中种草，激发用户的消费欲望	购买了某品牌旗舰机，在小红书上发布开箱笔记
直接开店	注册账号后，不管粉丝多少，小红书博主都能在平台上申请开店，直接销售商品	登录后通过“我—左上角三道杠标识—创作中心—更多服务—开通店铺”路径开设自己的店铺
平台引流	在小红书平台上发布笔记，引导粉丝关注自己在第三方平台上开设的店铺	通过小红书笔记分享淘宝店商品，为淘宝店引流

1.1.3 直播带货

直播的兴起不仅大大拉近了人们在时间和空间上的距离，还在很大程度上改变了人们的消费习惯——越来越多的年轻人倾向于通过直播购买产品。因此，小红书快速打造了直播板块，为博主快速吸粉和变现赋能。

和其他平台的直播相比，小红书的直播对于新人而言更加友好，更易于获得流量支持，如表1–4所示。

表1–4 新人在小红书直播的优势

优势	分析	举例
去中心化的流量分发机制	小红书采用的是去中心化流量分发机制，新人博主、中小商家无须投流便可获得推荐	在小红书注册账号后第一次直播探店，竟获得超高人气
年轻女性为主流用户	年轻女性多金且消费欲望较强，通过短视频种草，再以直播转化，打造变现闭环	第一天短视频分享一款口红使用心得，第二天直播带货
小红书直播间相对更加理性	相对其他平台热闹的直播场景，小红书直播间更理性，因此其转化率更高	直播分享化妆日常，吸引了大批用户关注，所用粉底大卖

1.2 “钱途”无限的小红书

三条腿走路的小红书，对于博主、中小商家而言，最大的价值便是其无处不在的商机和丰富多样的变现途径。简单地说，在小红书平台上，只要博主笔记内容质量好，变现方法得当，便能拥有一个无限光明的“钱途”。

1.2.1 场景：分享生活方式，直击消费决策

小红书平台内容最大的特点便是场景化，即通过一个个场景化片段分享

更优质的生活方式，最终主导用户的消费决策。

比如，春节就要到了，我们在某个店铺购买的羽绒服到货了，兴冲冲地拿了快递，路上就迫不及待地拆开了包裹，穿上新羽绒服，走出六亲不认的步伐，见到人就搭讪。很多用户看了我们的小红书笔记，便会询问羽绒服在哪里购买。“穿新衣服炫耀”便是一个场景，用户看了便询问羽绒服购买途径，这就意味着影响到了他们的消费决策。

通常而言，小红书上的主流内容通过三大场景影响用户的消费决策，如表1–5所示。

表1–5 小红书影响用户消费决策的三大场景

场景	分析	举例
生活场景	通过分享各种生活场景中的独特生活方式，能够快速在用户心中种草，刺激他们的消费欲望	分享如何使用空气炸锅快速做出营养又美味的早餐
社交场景	通过分享各种社交场景下的社交解决方案，引导用户关注我们在该场景下使用的某个物品	随机测试男性对各种香水的反应，引导女性选购某款香水
休闲场景	对于青年男女而言，休闲场景是最熟悉的，因此各种休闲场景更易于引导他们的消费决策	分享小溪边石板烤鱼制作技巧，快速吸引粉丝关注

1.2.2 效果：真实口碑成就年轻人热爱的品牌

小红书之于年轻人最大的魅力，除了无处不在的分享外，还有内容强大的实用性特点。相对于其他平台，小红书的内容娱乐属性虽然稍弱，但却拥有无与伦比的实用性——不管什么领域、何种需求、什么难题，都能在小红书上找到最佳解决方案。

比如，过惯了衣来伸手、饭来张口生活的我们，大学毕业后，做饭便成了较为棘手的问题。这时，我们便可以在小红书上搜索“美食”“家常菜”“快手菜”“营养早餐”等关键词精准地找到相应内容。

而搜索到的这些内容都非泛泛而谈，大多具备三大特点，如图1-2所示。

图1-2 小红书内容的三大特点

可见，小红书平台之于用户，特别是年轻用户而言，具有不可或缺的实用效果。因此，我们在小红书平台上经常会看到这样一种奇怪的现象：很多笔记的收藏量竟然比点赞数还多。

基于小红书内容的实用性，最终在用户心中衍生出口碑效应，继而深深地影响到了他们的消费决策，如表1-6所示。

表1-6 口碑效应影响消费路径

路径	分析	举例
认知路径	认为小红书提供的解决方案更实用，成本更低，更值得被信任，因此更愿意尝试	打算入手一款遮瑕粉底，先上小红书查看关注博主的笔记
心理路径	一方面给予对小红书的信任；另一方面基于规避损失的心理，更倾向按照博主的方法解决问题	看到关注博主推荐某品牌旗舰机，决定下次换该品牌手机

1.2.3 变现：图文、视频和直播打造交易闭环

小红书博主持续地高质量输出内容，可以快速打造出一个专属的交易闭环，快速变现，淘得人生的第一桶金。

那么如何在小红书平台上打造属于自己的变现交易闭环呢？

图文引流

图文既是小红书的基本盘，也是小红书内容实用性的最佳载体。虽然相对于视频形式，图文在生动性上略有不足，但却胜在条理清晰、要点固定，因此从实用性的角度来看，图文更具有收藏价值。

因此，在打造变现闭环时，图文可以作为引流的链条，充当抽水机的角色。具体而言，小红书博主可以通过三种方法利用图文引流，如图1-3所示。

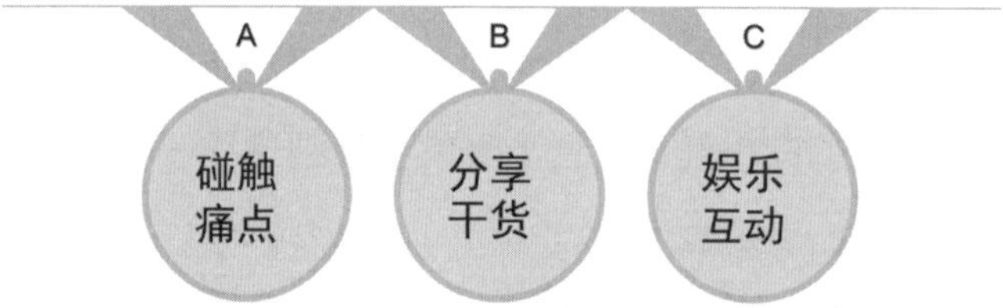

图 1-3　小红书图文笔记的引流方法

视频引爆

图文彰显自身价值，吸引大量用户关注后，采用视频笔记进一步引爆人气，打造个人品牌，是打造小红书交易闭环的第二步，也是最关键的一步。因为相对于图文，视频更直观，趣味性更强，更适合小红书博主主动展示个性，在粉丝心中打造个人品牌。

视频引爆的方法有三种，如图1-4所示。

图 1-4　小红书视频引爆的方法

直播变现

树立了口碑、有了个人品牌之后，小红书博主便可以通过直播进行变现，完成小红书商业链条的最后一环。

直播变现的方式主要有三种，如表1-7所示。

表1-7 小红书博主直播变现的方式

变现方式	分析	举例
直接卖货	小红书博主可以通过直播直接向用户推销自己店铺内的产品，引导用户的消费决策	在直播中分享瘦脸妆技巧，引导用户关注自己使用的化妆品
为其他平台上的店铺引流	在小红书直播中，还可引导用户关注自己在其他平台上店铺的产品，为其引流	直播分享碧螺春冲泡步骤，引导用户关注淘宝上的茶叶店
为别家店铺带货	和其他人合作，在直播中为他们的产品带货，通过佣金完成变现	在直播中向粉丝分享某本图书，为某书店带货

1.3 小红书用户画像

相对于其他平台，小红书用户具有更加明显的个性特征和更加强烈的消费欲望。正因为他们的这种特点，才使得小红书平台具备了更强的商业价值，成了个人、商家和品牌争相入驻的新大陆。因此，想要快速在小红书平台上崛起，首先就要全面详细地认知小红书的主流用户群体。

1.3.1 年龄："90后"、"00后"用户占大头

从年龄层面上来看，"90后"和"00后"是小红书的主流用户。根据2022年小红书商业生态大会发布的消息，小红书月活用户已达2亿，而"90

后”则占到了七成，且一半以上来自一、二线城市。

简单地说，在小红书庞大的用户群体中，年轻人占了大部分，因而年轻人是各类商家眼中的优质客户之一，其商业特点如图1–5所示。

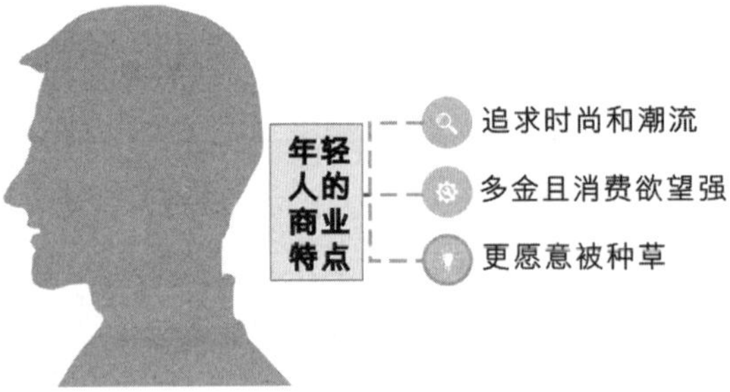

图 1–5 年轻人的商业特点

“90后”、“00后”在小红书平台上主要表现出五种使用习惯，如表1–8所示。

表1–8 “90后”、“00后”小红书使用习惯

习惯	分析	举例
主动搜索	年轻用户更乐于在小红书平台上搜索自己感兴趣的关键词，找到契合自己的内容	搜索“年夜饭”，学习各种年夜饭大菜的制作方法
看网友评论	“90后”和“00后”更具互动精神，特别喜欢看其他人的评论，认为“有时候评论有趣、有用”	在某博主分享大学生活的笔记下查看评论，和其他用户互动
了解潮流趋势	“90后”和“00后”用户对潮流非常敏感，更愿意在新奇事物上投入时间、精力和金钱	某大学生博主在笔记中分享了自己的一身紫色过年装，爆火
主动被种草	“90后”、“00后”是一个乐于分享自己经验与体会的群体，对于消费决策，他们也是十分乐意分享的	看到某位博主分享的某品牌手机开箱视频，主动点击观看，并留言自己也想要一部
分享消费决策	“90后”、“00后”群体对他人推荐的东西容易产生兴趣，从而实施购买的行为	冬奥会期间，滑雪热迅速升温，很多俊男靓女在小红书上分享自己的滑雪装备购买心得

1.3.2　性别：年轻而多金的女性是主力

在小红书上活跃的年轻用户群体中，女性是绝对的主力。而相对于男性，女性的分享和消费欲望表现得更为强烈，这也是相对于其他平台而言，小红书商业变现效率更高的原因。

具体而言，小红书平台上年轻女性用户的消费理念主要表现在以下三个方面。

热衷追求更高品质的生活

年轻女性热衷提升自己的生活品质，既热衷健身，又喜欢美食；既热爱大自然，又向往高品质的城市生活……在年轻女性的认知中，生活应该是怎么快乐怎么来，怎么舒适怎么过，在她们的眼中，品质生活主要包括六个方面，如图1-6所示。

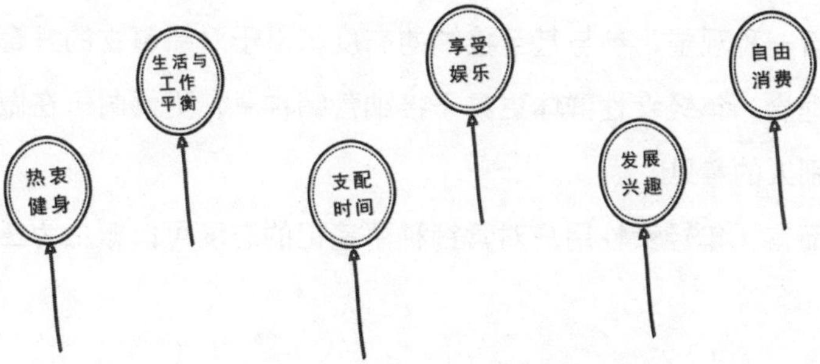

图 1-6　年轻女性眼中的品质生活

可见，年轻的女性用户拥有更加明确的品质生活追求意向，更加注重身体健康，更愿意在工作之外愉悦自己，追求更高的精神层级。为了实现这些目标，她们也更乐于花费时间研究如何消费。

更愿意尝试新事物

年轻女性对新事物有着强烈的好奇心，痴迷时尚和潮流，消费意识也更加超前。简单地说，年轻女性更愿意尝试新鲜事物，比如某个新创立的品牌、某种更能彰显自身个性的产品。

我们可以通过对比年长女性和年轻女性在消费上的差异，更加深刻地了解年轻女性表现出来的消费欲望，如图1–7所示。

图 1–7　年长女性和年轻女性用户消费观念的区别

更易于接纳营销种草

相对于年长群体对营销种草普遍持排斥态度，年轻女性群体大多对品牌营销保持着一种观望、参与甚至接纳的态度。出于对新事物的好奇和追求潮流的消费理念，年轻女性群体更易于接纳营销种草，更倾向于在做出消费决策前参考别人的意见。

具体而言，年轻女性用户对营销种草笔记的态度可以概括为三点，如图1–8所示。

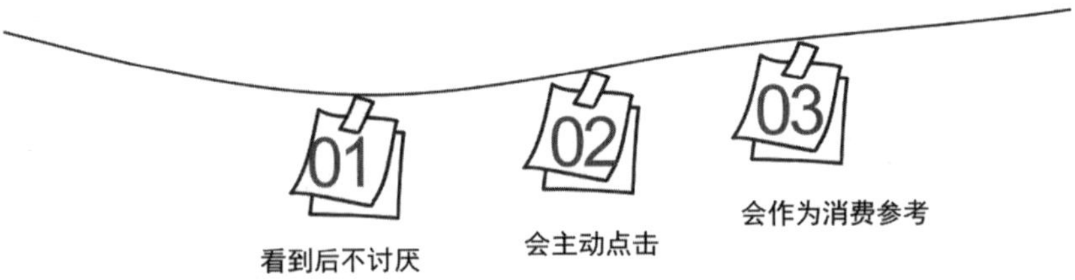

图 1–8　年轻女性对营销种草笔记的态度

1.3.3　人群：五大群体撑起小红书商业帝国

对活跃在小红书平台上的主流年轻用户群体进行细分，大体可归纳为五大类，如表1-9所示。

表1-9　小红书五大类用户群体

群体	描述
Z世代	“95后”和“00后”的总称，他们年轻，对任何新奇的人和事物都抱有强烈的兴趣，喜欢探究，热爱分享，是小红书平台上最活跃的人群
精致妈妈	虽然结婚生子，但依然怀揣少女心的她们，对潮流的兴趣并没有减弱，且更迫切地希望掌握更多可以提升生活品质的方法、技巧
新锐白领	刚刚参加工作的年轻人一方面有技能提升需求，另一方面有娱乐需求，而小红书的实用性和娱乐性恰恰能够满足他们的需求
单身贵族	这类用户信奉单身至上，一个人吃饱全家不饿，有更多的时间跟随时尚潮流，也有更大的消费能力实践自身的生活理念，展示自身的个性
个性潮男	随着生活水平的快速提升，男性对审美的认知也发生了改变，特别是年轻男性，悦己和张扬个性的需求，使得他们在小红书平台上变得越来越活跃

正是这五类用户群体的存在，支撑起了小红书商业帝国——他们年轻，对各种新事物充满了好奇心，再加上拥有较高的经济收入，自然消费能力更强。

1.4　小红书热门行业分布

想要在小红书上打出一片天地，选择适合自身的行业深耕，是用户成功的一个重要前提和基础。当前，小红书行业类型非常丰富，不管是潮流、娱乐、文化等场景，还是柴米油盐酱醋茶的生活场景，几乎涉及了生活的方方面面。找到热门行业，结合自身特长，对于小红书用户而言，便意味着迈出了成功的第一步。

1.4.1 美妆+美食

在小红书诸多行业中，美妆绝对是较为热门的行业之一。对于年轻人特别是年轻女性而言，还有什么能比让自己变得更加美丽更有诱惑力呢?

具体而言，美妆行业解决了年轻用户的三个痛点，如表1-10所示。

表1-10 美妆行业解决年轻用户的三个痛点

痛点	分析	举例
不善变美	对于年轻人而言，变得更加美丽或者英俊，是十分强烈但又不能轻易满足的需求	分享10种职场妆容画法，让职场女性变得更加美丽
不懂保养	如何让自身皮肤保持现在的光滑、白皙而富有弹性？手脚如何护理？……这些知识急需却稀少	分享秋冬季皮肤保养要点，让皮肤重新焕发光泽
不会选品	商场柜台上的化妆品品类繁多，网上各种宣传令人眼花缭乱，想知道哪些性价比高，哪些适合自己	亲身体验，这个牌子的粉底最耐水、最适合夏天遮瑕

除了美妆之外，美食也是小红书的热门行业。对于小红书用户而言，美食行业主要满足用户特别是年轻用户群体的三大刚需，如图1-9所示。

图 1-9 用户对美食行业的三大刚需

1.4.2 知识分享+娱乐

实用性和娱乐性是小红书的两大基本属性，一方面，用户能够从小红书上找到自己想要学习的许多方法和技巧；另一方面，用户又能从小红书上收获无穷无尽的欢乐。因此，知识分享行业和娱乐行业成了承接小红书两大属性的载体，也是小红书平台上最受用户欢迎的两大行业。

知识分享满足用户三大需求，如表1–11所示。

表1–11 知识分享满足用户的三大需求

需求	分析	举例
学习	正所谓“活到老学到老”，对于年轻人而言，不管是生活还是工作，都需要通过学习不断地提升自身技能	大学毕业新入职，需要在小红书上学习报表等相关技能
提升	觉得之前所掌握的知识和技能难以满足现在的生活和工作需求，需要进一步提升知识和技能的层次	英语水平四级的你翻译一些文件感到吃力，希望提升到六级
总结	出于某种目的，需要对某一体系的知识进行总结，以系统性地掌握知识要点	通过小红书搜索出了小学五年级数学学习要点

而娱乐则能消除用户的三大痛点，如表1–12所示。

表1–12 娱乐能消除用户的三大痛点

痛点	分析	举例
工作节奏繁重	繁重的工作节奏，往往会令人身心俱疲，用户渴望找到一种快速缓解疲劳的方式	关注了一名专门发布搞笑笔记的博主，每天都会刷一下
社交空间有限	人们忙于工作，朝九晚五，频繁加班，导致社交空间被大大压缩，身边缺少能说知心话的朋友	在某博主搞笑笔记下和其他用户互动，收获知己
群体缺乏认同	社交空间有限，习惯了个体活动，时间久了，便会对群体认知产生强烈的渴望	通过某个博主发布的搞笑笔记，加入了某一段子创作群

1.4.3 穿搭+宠物+健身

小红书是一个专注于生活分享的社区，因此和生活相关的行业，内容产出品质会更高，数量也会更加庞大，对用户的吸引力自然也就更加强烈。而和生活关联比较亲密的穿搭、宠物和健身行业，在用户眼中，自然也就更具关注价值。

穿搭

家中衣橱里的衣服如何搭配，才能穿出自己想要和期待的风格？商场选购服装，什么颜色才是绝配？穿搭的组合是否恰当，将直接影响到用户的形象分数。因此，很多用户都将小红书当作自己的“穿搭百宝箱”。

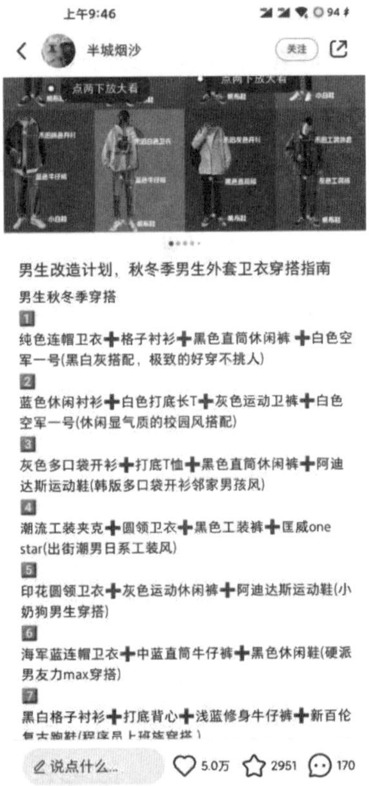

图 1–10 “半城烟沙”发布的穿搭笔记

小红书博主“半城烟沙”便聚焦“男生穿搭”，专注于为男生“如何穿得更帅”提供最佳解决方案。比如，其发布的一篇名为《男生改造计划，秋冬季男生外套卫衣穿搭指南》的笔记，便非常详细地为年轻男性用户提供了7种秋冬季穿搭解决方案，配图加文字，简单又实用，因此收获了5万点赞量，如图1–10所示。

宠物

自古以来，人们的生活中便有着宠物的身影，狗、猫、鸟类等更是人们生活中的“常客”。相对于人和人之间复杂多变的关系，人和动物之间的关系则纯粹很多，少了尔虞我诈，多了单纯互动。因此，小红书平台上宠物类笔记的人气也非常高涨，不管是日常宠物互动分享，还是宠物周边，都会吸引很多用户的眼球。

健身

随着人们生活水平的提升，对健身的需求也变得越来越强烈，越来越急切。一方面，健身能让身体变得更加健康，令人们的生活更有质量；另一方面，健身还有“塑形”之功效，长时间健身，能够令身体整体形态或者某个部位的形态向人们期待的方向转变。拥抱健身，便等于拥有了健康和完美身材，用户又如何不为之狂热呢?

1.5 小红书的三大发展趋势

随着用户需求的不断变化，小红书自身也在持续地进化。那么，未来的小红书会是什么样子呢? 未来的小红书将是一个泛生活化的社区，是一个覆盖更广泛用户群体的平台，也是一个更易于变现的商业洼地。

1.5.1 覆盖更广泛的泛生活平台

内容是小红书得以快速发展的基础，也是小红书持续提升的重点。小红书诞生伊始，内容偏向于美妆领域，但是随着平台用户数量的快速增加，内容多元化的需求也变得越来越强烈。因此，在未来的发展中，小红书平台上的内容会覆盖生活的方方面面，为用户展示和分享提供更加宽阔的舞台。

内容覆盖面更加广泛

从最初侧重美妆领域，到后来涉及学习技巧、美食、健身、宠物、母婴、穿搭、娱乐、家装等领域，小红书产出的内容几乎覆盖了生活的方方面面，成为人们展示生活状态、分享生活技巧和提升生活品质的必备平台。

简单地说，未来的小红书，内容覆盖面会更加广泛，如图1-11所示。

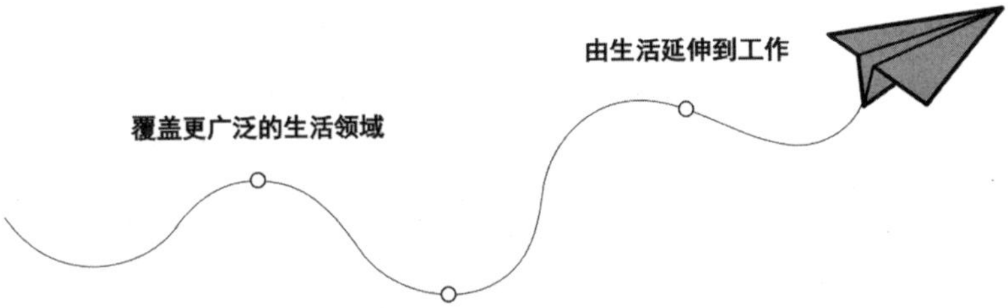

图 1-11 小红书未来内容覆盖范围

对用户生活的展示更为细分

小红书的泛生活平台发展趋势，除了在未来会覆盖我们生活的方方面面，对生活的展示也会更加细分，更富有层次感。

比如，2022年，小红书的泛生活内容便可以细分为七个比较明显的类型，如表1-13所示。

表1-13 2022年小红书内容细分

类型	分析
近邻升温	这类内容分享的是近邻关系的升温，邻里携手面对困难，是对“远亲不如近邻”的真实理解，也是用户基于社会热点，对现实生活变化的真实反映
吃地道风味	在餐饮高度工业化的背景下，人们更倾向于寻找更具特色、更有个性的美食。每到一个地方，吃当地最地道的风味，感受最真实的风土人情，这就是生活
出个远门	户外运动在人们生活中占据的比例越来越大，远途出行的渴望也变得越来越强烈，于是，小红书用户分享出远门、家门口公园露营的笔记多了起来
家有桃花源	工作节奏太快，没有太多的时间出远门怎么办？对于年轻人而言，将房子或者某个角落打造成桃花源，变成自己向往生活的样子，也是一种美的享受
轻解压	萌宠、运动、美食、看街头人来人往甚至隔着手机屏幕看别人做家务，都成了年轻人缓解压力的独特方式，成了小红书上的一股好笑又好玩的潮流

（续表）

类型	分析
文房四潮	年轻人拥有更强的文化自信，对传统文化更为认可。他们除了好奇之外，还将传统文化融入了生活中，用段子写对联，用表情包篆刻，等等
减法生活	在年轻人眼中，生活的色彩并不在于经历有多复杂，消费有多冲动，简简单单，理性看待一切，才是生活的真谛，因此他们更喜欢为生活做减法

1.5.2 向更广泛的用户圈层驶去

在小红书的未来发展趋势中，除了内容上的泛生活化外，对用户圈层的覆盖也会更宽广，表现出明显的用户广泛化特点。

男性用户占比越来越大

早年，人们往往将小红书和女性用户画上等号，因为在小红书平台上的主流用户群体中，女性占据了很大比例。但是近年来随着小红书内容的泛生活和用户数量的快速增加，男性用户逐渐在小红书上崭露头角，并掌握了一定的话语权。根据2022年小红书商业生态大会发布的数据，在小红书活跃的用户中，三成为男性。

通常而言，男性更关注小红书平台上的四大内容，如图1-12所示。

图 1-12　小红书上男性用户更关注的四大内容

中老年用户渐增

在年龄层面上，现在和未来，虽然年轻人依旧是小红书的主流用户群体，但随着用户总数的不断增加，中老年用户在小红书平台上越来越活跃，小红书大有变成“老红书”的趋势。

比如，自2021年1月在小红书上发布笔记的博主“健康真好”，便是一位70多岁的老奶奶。“健康真好”发布的笔记内容从最初的一块石头、一棵树、一块蛋糕慢慢变为“两个老年人的早/午/晚餐”系列，接地气又有情调的内容吸引了众多用户的关注，“健康真好”也因此成为小红书博主中的一匹黑马——截至2023年1月3日，其小红书账号拥有68.4万粉丝，如图1–13所示。

图 1–13 “健康真好”的小红书主页

1.5.3 服务本地化

为了帮助用户更好地变现，除了电商、广告之外，小红书还在不断地探索本地服务，向服务本地化转变。

具体而言，小红书服务本地化的主要措施，如表1–14所示。

表1–14 小红书服务本地化的主要措施

主要措施	分析	举例
鼓励博主生产本地化内容	对本地小红书博主给予流量支持，鼓励他们持续发布更多的本地化内容	本地博主发布了探店视频笔记后，短时间内人气暴涨

（续表）

主要措施	分析	举例
支持本地商家本地化营销	支持本地商家如民宿、酒吧、餐厅等在小红书上直接展示产品	民宿经营者和本地博主合作，在小红书上分享入住体验
扩展本地生活服务内容	通过对本地资讯的详细解读，为本地用户的消费决策提供参考	某地发布了房地产新政，本地博主解读后，受到重点推荐
在下沉市场扩大本地用户规模	积极向三、四线城市以及农村拓展，打造更多本地用户小社区，扩大本地市场规模	有重点地扶持三、四线城市博主，给予其更多流量支持

第2章

跟爆火小红书博主学习定位

小红书平台上的爆火博主都是如何成长起来的呢？只要我们静下心来研究，就会发现他们都找到了自己的深耕方向，有的做出了差异化，有的找到了行业中的稀缺市场。跟爆火的小红书博主学好定位，就等于站在了巨人的肩膀上，想不火都难。

2.1 学习“程十安an”的标签定位绝活

小红书美妆博主“程十安an”曾经创造了30天增粉近50万、8篇商业笔记平均阅读18.7万的流量奇迹。截至2022年9月，“程十安an”拥有粉丝724.8万，笔记获赞和收藏量达到了惊人的2246万，成功跻身小红书头部博主行列。

“程十安an”之所以能够在小红书上攻城略地，除了满是干货的笔记外，其成功的标签定位也功不可没。

2.1.1 精雕人设：为账号注入人性吸引力

人设的价值，就是让用户扫一眼便知道你是谁，你有什么特色，有什么品格，有什么用处，继而让你在数以千万计的小红书博主中脱颖而出，被用户关注和喜欢。简言之，一个好人设，能够让你的形象更加立体从而深入人心，将用户刷到你的偶然变为关注你的必然。

立身于竞争激烈的美妆行业，“程十安an”的快速崛起，和其“美少女之友”的人设有着密切的关联。“美少女之友”的人设，对于活跃于小红书上的年轻多金女性用户而言，有两个致命的吸引力，如图2-1所示。

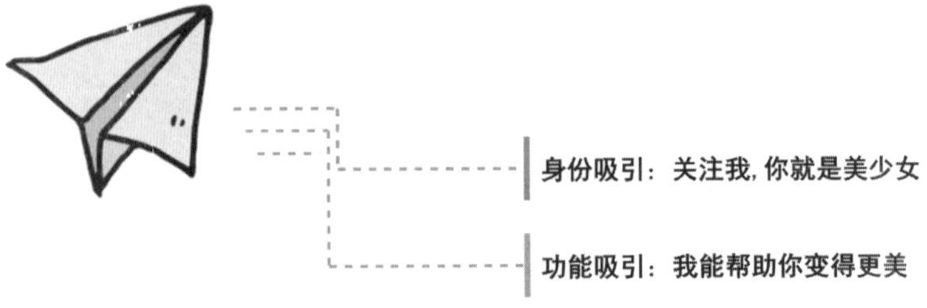

图 2-1 “美少女之友”人设的吸引力

当然，要想凭借人设为自己打上鲜明的标签，让用户喜欢和关注，只嘴上说，效果是微乎其微的。“程十安an”在打造“美少女之友”人设时，主要从两个方面精雕：

（1）聚焦年轻女性变美的“拦路虎”。爱美之心，人人有之，年轻女性的爱美之心则更加强烈，对于她们而言，如何变得更美，甚至会超过食、住、行，成为人生头等大事。但对年轻女性来说，变美之路充满了坎坷，眉毛太粗、脸型太大、痘痘太多等，这些“拦路虎”让她们咬牙切齿却又无可奈何。

“程十安an”便通过聚焦年轻女性变美路上的“拦路虎”，在引发用户共鸣的同时，来强化自身的“美少女之友”的人设。比如，“程十安an”发布的一篇痘痘遮瑕视频笔记，便抓住了美肤路上一大“拦路虎”——青春痘，引发了年轻女性的强烈关注，截至2023年1月，笔记点赞数达2.6万，收藏数9751次，如图2-2所示。

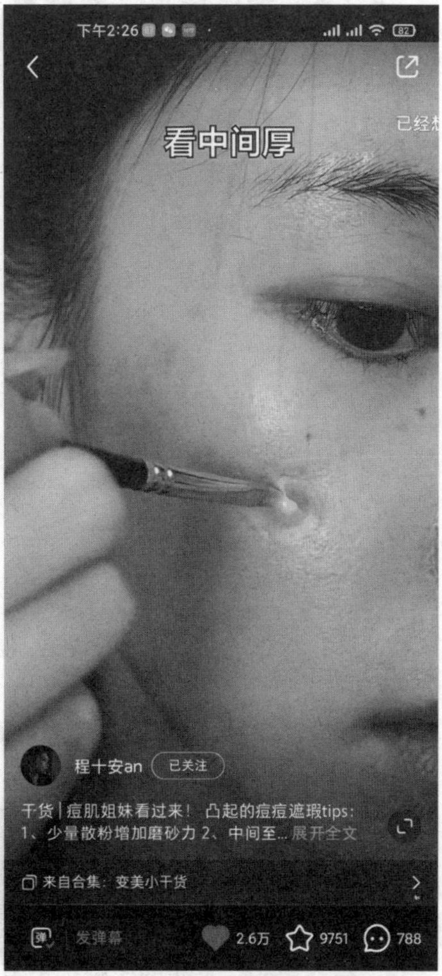

图2-2 “程十安 an”发布的痘痘遮瑕视频笔记

（2）亲自上阵演示解决方案。抓住了年轻女性变美道路上的“拦路虎”后，“程十安an”会亲自上阵“打老虎”，为大家演示解决方案。

这种做法的好处有两个：一是现场感强烈，面对面地演示，每一个步骤都那么清晰可见，会给用户一种身临其境的感觉；二是用户信任度爆棚，对解决方案信任，对博主更信任。

比如，在痘痘遮瑕视频笔记中，“程十安an”亲自上阵演示遮瑕要点，向年轻女性用户全面展示了自己的解决方案：第一，少量散粉增加摩擦力；第二，中间至周围遮瑕膏逐渐变薄；第三，上粉底避开痘痘部分。简简单单的几句话，便完美地消除了困扰年轻女性群体痘痘如何遮瑕这个痛点。

2.1.2 直接展示：我就是一个带货的

贴标签，除了精雕一个好人设，为账号注入人性吸引力外，还可以通过直接展示，为自己贴上“带货”标签，告诉大家“通过我可以找到让生活和工作变得更美好的商品”。简单地说，就是直接告诉用户“我就是一个带货的”，在用户心中种草。

通常而言，直接展示的方法有三种，如图2-3所示。

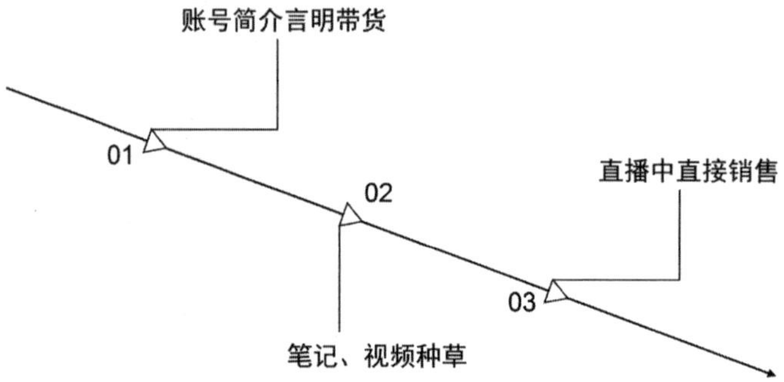

图 2-3 直接展示的三种方法

贴上“我就是一个带货的”的标签，表面上看似简单粗暴，但却能在第一时间告诉用户“我是谁”，让对方第一时间明确你的意图，了解你的定位，精准转化为你的粉丝。

“程十安an”发布的视频都是美妆内容，通过改造自己、改造亲属、改造好友、改造同事，非常直观地向用户展示了所用美妆产品的效果，在用户心中快速种草。另外，“程十安an”还会直接向大家推荐美妆产品，比如在其发布的一条视频中，向用户推荐了自己使用较多的“超划算护肤套组”，除了对每种产品的功能做详细的介绍外，还特别点出了适合哪些人群，不适合哪些人群。截至2023年1月，这条视频获赞量达1.8万，被收藏7289次，有315条评论，如图2–4所示。

图 2–4　“程十安 an”发布的带货视频

2.1.3　构建品牌：我为“拔草”而来

标签的尽头是品牌，当一个人拥有自己的品牌时，其便会在用户心中留下不灭的印记，展现出强大的商业价值。因此，构建品牌，是标签定位的最高境界。

那么，小红书博主如何构建自己的品牌呢？通常而言，小红书博主可以通过“三度法”来构建自己的品牌，如图2–5所示。

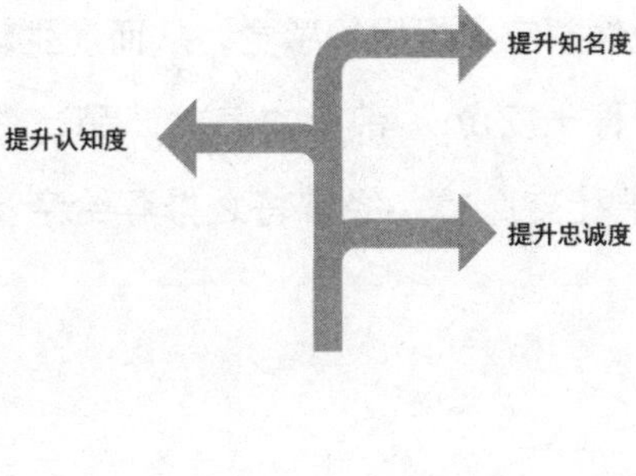

图 2–5　小红书博主构建品牌的“三度法”

“程十安an”在构建品牌时，也运用了“三度法”：通过一个个爆款笔记引爆人气，打响了知名度；通过挖掘年轻女性的痛点，提升了认知度；通过推出美妆完美解决方案，获得了忠诚度。三管齐下，使得“程十安”三个字成了美妆领域一个响当当的品牌，使其小红书笔记中提到的、使用的，甚至不经意展示的产品，都成为其淘宝店铺中的爆品。

2.1.4 社交分享：我是价值的传播者

社交是人们生活中的重要板块，而价值则是社交的重要载体。因此，当我们的小红书账号贴上了“价值”标签后，在用户眼中便具备了某种社交属性。如此一来，我们所发布的内容，不仅更容易在用户群体中分享与传播，而且在用户眼中的辨识度也会明显增强。“程十安an”的成功，和其“价值”标签有着密不可分的联系。

“程十安an”的“价值”标签主要体现在以下三个方面：

（1）干货。“程十安an”在小红书上发布的每条视频，都会针对年轻普通女孩、化妆新手们的痛点，提出一个普适性的话题，比如“单眼皮怎么画眼妆”“五分钟搞定出门裸妆”等。在视频中，“程十安an”从来不展示自己的美貌或单纯自我炫技，而是几句话讲明白美妆技巧，专业度十足，干货满满，价值力爆棚。

（2）亲和。“程十安an”的视频除了专业外，最大的特点便是亲和，不管是思维、语言还是动作，都会站在用户的视角，让用户听了、看了倍感亲切，继而让人产生她像邻家大姐姐的感觉，从而产生转发冲动。

（3）性价比。“程十安an”带货的美妆产品，性价比往往是全网较高的，因此，用户基于社交愿望，经常将之推荐给亲友、同学、同事等身边人。

2.2 跟着“橙子阿姨”选行业

针对小红书许多用户都是多金女性的这一特点，结合自身的特点、特长，选择一个契合自己的行业，是小红书账号爆火的一个基础。山东青岛的“橙子阿姨”就是正确应用行业定位的典范——55岁却拥有少女面孔的她，选择深耕美妆行业，凭借特色和干货快速崛起。

2.2.1 你擅长什么，就做什么

随着小红书多元化战略的实施，平台上的内容类型随之变得越来越丰富，美妆、美食、健身、宠物等行业类型都焕发出强劲的生机，聚集了大批用户。对新手小红书博主来说，选择进入哪个行业，深耕哪种内容类型，将直接决定了账号的成长空间。

那么，如何选择行业类型呢？答案很简单，你擅长什么，就做什么。这里所说的擅长，有三个层次，如表2-1所示。

表2-1 擅长的三个层次

层次	含义	举例
喜欢某类内容	对某个类型、行业的人和事比较感兴趣，有投入精力、深入钻研的兴趣	急切地想变美，对美妆知识、工具等有着异乎寻常的关注
精通某种技术	对涉及某个行业的技术比较精通，有自己的心得、特色甚至独门绝活	擅长各种美妆技术，能够让一个人的脸产生颠覆性的变化
痴迷某种事物	对某种事物的喜爱已经到了痴迷的程度，愿意为其投入所有	一有空闲便研究美妆产品、技术，每天都在实验各种美妆想法

小红书“橙子阿姨”便是在自己擅长的行业进行深耕的典型。“橙子阿姨”来自山东青岛，其形象气质类似港风明星，天生便非常有“眼缘”。除了在容貌上具有很强的辨识度外，“橙子阿姨”还精通各种养生护肤知识。比如，其擅长通过养生食疗改善皮肤状态，懂得如何通过保养气血、强健肝脏等方式，为自己的容貌加分，让岁月在自己的身体上停止脚步。

因此，在选择小红书行业类型时，“橙子阿姨”便锁定了美妆这一领域——在自己擅长的赛道上，“橙子阿姨”持续输出补气血、补水、祛湿、养脾、抗衰老、面部按摩、刮痧、护发、美白等干货。因为满是干货，易操实用，更有“港风”“冻龄”等形象标签的加持，快速成长为小红书的人气博主。

2.2.2 找到自己的优势

选对行业，最主要的一点是找到自己最具行业辨识度的优势，即能够让关注该行业的用户看一眼或者听一次就印象深刻的东西。简单地说，就是我们在和用户第一次见面时，在对方心中留下的行业符号。

小红书博主“橙子阿姨”在做定位时，便精准地找到了自己的行业优势，继而在用户心中留下了不可磨灭的行业印记。“橙子阿姨”的行业优势是“冻龄”，虽然她已经55岁，但容颜却像是35岁的。所以，很多用户在看到她的第一眼时，就记住了这位“冻龄”博主，继而对其保养和美妆秘密产生了强烈的好奇心和探究欲望，有哪位女性不想将时光定格在年轻貌美的那一刻呢?

正是有了“冻龄”优势背书，让“橙子阿姨”的每一句忠告、每一点心得、每一个保养和美妆技巧，都被女性用户所重视，她们也因此成了她的忠实粉丝。这些忠实粉丝，又出于信任、社交等原因，在微信朋友圈、视频号、头条号等平台上提起冻龄的“橙子阿姨”，分享她的养生和美妆技巧，为其背书，“橙子阿姨”也因此快速走红网络，成了众多粉丝心中的“不老女神”。

那么，如何找到自己的优势，像“橙子阿姨”这样快速在小红书上崛起呢？有三种方法，如表2-2所示。

表2-2　行业优势定位方法

方法	解释	举例
技能优势定位	我们拥有什么行业的技术储备，最好技术能达到某种极致	刀工无敌；化妆技术能“大变活人”；能捏出栩栩如生的泥人
自身特点定位	我们身上的某种特点，能够在某个行业给我们加分	年过50岁，看起来却像30岁，“冻龄”这一特点会让我们在美妆行业加分
行业品牌定位	在某个行业已经拥有了较高的美誉度，有了自己的品牌	在女性健身行业有了一定的口碑，在年轻女性群体中拥有一定的知名度

2.2.3　确定目标用户

要想在小红书上崭露头角，风生水起，博主在选择行业时，还需明确目标用户。简单地说，就是小红书博主要明确进入某个行业后，需要“服务”的对象是谁。只有明确了这一点，我们策划的笔记选题才会更有针对性，内容才会更有吸引力和传播力。否则，我们的小红书之路便会如同无头苍蝇，不管付出多大的努力，也不会有什么收获。

“橙子阿姨”的成功，便得益于其精准的行业目标用户定位。“橙子阿姨”对年长女性的心理把握得非常透彻——这些女性，随着年龄逐渐增长，皮肤变得越来越暗淡，容颜变得越来越憔悴、衰老。这种变化，对于女性而言，是无奈而又心酸的，谁不想青春永驻呢？谁不想永远成为别人眼中的美人呢？

“橙子阿姨”将目标用户锁定在逐渐衰老但又极其不甘心衰老的女性群体，集中输出食疗美白、养生保养、护肤美妆等干货知识，触达了她们的痛点，再加上技巧可操作性强，有“冻龄”面孔背书，其发布的笔记深得粉丝的喜爱。

比如，“橙子阿姨”在一条视频笔记中，向大家分享了自己是如何“吃出美丽”的。她认为，很多年龄较大的女性皮肤变得暗淡无光，和饮食上不善于控糖有很大关系。在这篇视频笔记中，“橙子阿姨”介绍了自己的控糖秘籍：第一，调整饮食结构，肉、蛋、奶、豆类、坚果、蔬菜等要均衡，不能喜欢吃什么就使劲吃，对其他食物敬而远之；第二，优化日常主食，不能顿顿大米、馒头，要时常吃一些藜麦、黑米饭。因为方法简单、实用，截至2023年1月，这篇视频笔记被用户收藏了233次，点赞954次，如图2-6所示。

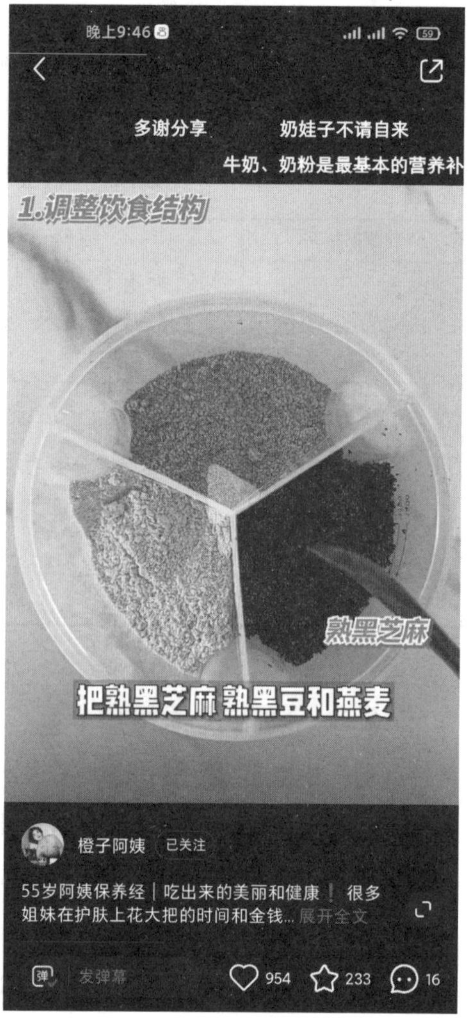

图 2-6　“橙子阿姨”发布的干货视频笔记

可见，定位好自身行业后，精确锁定目标用户，是小红书博主能够做大做强的关键。

2.3 做出差异化的“之昊will”获赞千万

小红书上博主千千万万，如何让用户关注我们呢？这就需要我们给用户一个关注的理由，小红书博主“之昊will”的成功，便为我们指明了一个清晰的方向——差异化。告诉用户，你们在我这里可以感受到不同，收获别的博主给不了的价值。

2.3.1 风格化

一个人一旦有了自己的专属风格，在别人眼中便会显得与众不同。小红书博主同样如此，当我们能打造出某种明显的风格时，在用户眼中，我们的小红书账号便有了“意思”，具备了关注的价值。

小红书博主“之昊will”的快速崛起和走红，便和其有意识地强化自身风格有着密不可分的关系。

“之昊will”风格化的方法主要有三个：

（1）为账号添加专属风格元素。“之昊will”的小红书账号，头像是博主的照片——戴着墨镜，看向远方，一副意气风发的模样——辨识度是非常高的，风格化也非常明显。在简介中，“之昊will”通过明确自己的海外留学生身份，强调自己会持续输出地道英语。除了头像和简介风格化元素强烈外，“之昊will”还用全家人合影做背景，营造出了一种“全家出击一起学英语”的奋发向上的风格属性，极易激发用户的好奇心和探究欲望。

（2）用英语讲段子。人人都喜欢快乐，不管在什么地方，善于讲段子的人总是引人瞩目，备受追捧，更何况是善于用英语讲段子的人。“之昊will”便通过持续输出英语段子，将原本枯燥的英语单词背诵、语法学习等环节，变为轻松、幽默的体验式教学，营造了一种独有的寓学于乐的笔记风格。试想一下，谁会拒绝在快乐中学好英语呢？因此，“之昊will”输出的每篇笔记都备受用户喜爱。

（3）“开心果+学霸”人设。人设是小红书账号风格化的显著标志，什么样的人设，演绎什么样的风格。“之昊will”将自己的人设定位“开心果+学霸”：一方面，他输出的每篇笔记，从选题、情节设计到语言和动作，都自带开心效果，将自己打造成了每天给大家解闷的“开心果”；另一方面，“之昊will”通过自己同国外名人的合影、各种英语赛事的奖牌展示、同老外熟练的英语交流，以及总结出来的实用英语学习干货，打造出一个英语学霸人设。

可见，想要在小红书上做出差异化，崭露头角，我们首先要明确自己的风格——让用户看一眼就记住。从“之昊will”身上，我们可以总结出小红书账号风格化的三种有效方法，如图2-7所示。

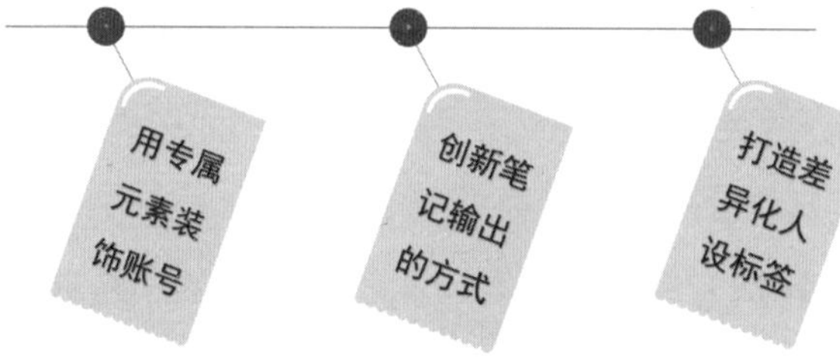

图 2-7　小红书账号风格化的方法

2.3.2　垂直化

笔记内容是否垂直、是否干货满满，是小红书博主差异化定位的关键。简单地说，就是“用户看一眼就走”和“用户看一眼就喜欢并持续关注”的区别——笔记内容越垂直，对用户的价值就越大，在用户眼中，这个小红书博主和其他小红书博主的差异化就越大。

小红书博主“之昊will”，初中时期是一个英语差等生，学的是“哑巴英语”，有时连英语作业都不会做。之后，他跟着父母去了一趟美国，那时听不懂别人说的任何一句话，这种经历让“之昊will”意识到英语不仅是书包中的作业，也是打开世界的一把钥匙。从那以后，他开始积极主动地学习英语，参加各种英语演讲比赛，最终跻身英语优等生的行列。

因为有英语差等生的经历，所以“之昊will”的小红书笔记内容非常垂直化——不讲废话，只做干货，三言两语就将如何学好英语的方法和技巧呈现在用户面前。比如，在一篇分享英语学习捷径的视频笔记中，“之昊will”将自己学习英语的经验浓缩成了“两是”：

一是泛听。泛听，也就是人们常说的“灌耳音”，什么都听，时时刻刻在听。当我们让英语充斥于生活中的每一个角落时，距离学好英语也就不远了。

二是精听。精听，就是仔细地听，每一句英语最少听三遍，虽然过程很痛苦，但效果却非常明显。

可见，小红书博主“之昊will”的成功，和其深耕垂直化笔记内容有着直接关系。只有深挖行业内容并持续生产干货，我们的账号在用户眼中才是有价值的，才是值得持续关注和收藏、分享的。

那么，我们如何做好垂直化呢？有三种方法，如图2-8所示。

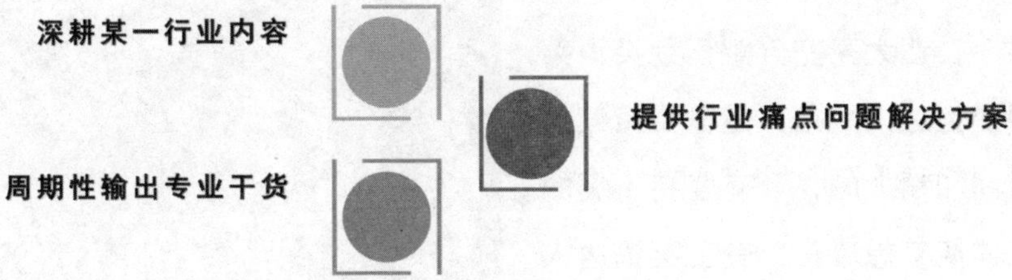

图 2-8　做好垂直化的方法

2.3.3　励志化

励志化，是指小红书博主通过笔记给予用户一种精神上的正能量，让用户相信自己看了笔记内容后，能够变得更好。简单地说，我们的小红书笔记内容必须和用户日益增长的美好愿景相契合。

小红书博主“之昊will”在做差异化定位时，便放大了励志性。他善于讲述如何从英语菜鸟变成达人的故事，也乐于展示自身在英语上取得的一个个瞩目成就，分享在世界各地用英语和外国人开心交流的片段和心得。因此，“之昊will”的小红书笔记在用户眼中洋溢着一种“只要肯努力、肯学习就能成为英语达人”的精神气，用户看了之后，精神往往会大受鼓舞，继而生出“他行我也行”的意志。而这种“他行我也行”的意志，又进一步强化了“之昊will”在小红书用户眼中的价值，自然其账号的关注、收藏和分享量直线上升。

比如，在《史上最惨钢铁侠》这篇视频笔记中，“之昊will”诙谐地再现了“玩游戏的我通过钢铁侠面具和检查英语单词的母亲‘躲猫猫’并最终被罚拖地”的“悲惨故事”，让大家充分意识到英语菜鸟蜕变为达人之路，是需要持续投入时间和精力的，只有坚持不懈的人，才能梦想成真，登上英语达人之巅。因为这篇视频笔记励志又不失幽默，发布后1周内便吸引了大批小红书用户围观，点赞量达到10万，收藏量达到1.4万，如图2-9所示。

图 2-9 《史上最惨钢铁侠》视频笔记截图

那么，如何放大小红书账号在用户眼中的励志属性呢？有三种方法，如表2-3所示。

表2-3　小红书账号励志化的方法

方法	解释	举例
再现自身奋斗史	通过再现自己从草根到网红、从菜鸟到能手的奋斗片段或故事，强化励志属性	人家玩游戏的时候，我却在玩命地背诵英语单词
呈现用户价值	完美再现目标用户的价值，让目标用户觉得“我很行”	分享自己采纳某个用户提供的某个建议而受益的故事
拔高用户期望	将目标用户对未来的美好期望展现出来，并进行放大	只要按照我的方法来，你也能在三个月内变身英语达人

2.3.4　精致化

小红书差异化定位的另一条捷径是走精致化路线。所谓精致化，就是通过持续输出高品质笔记快速拉开自身和其他小红书博主之间的距离，继而在用户眼中变得与众不同。简单地说，就是走精品路线，做精致笔记。

小红书博主“之昊will”的快速走红，和其坚持精致化定位策略有着直接关系。“之昊will”秉持着工匠精神，打造每一篇笔记：什么主题极具吸引力？什么故事极具表现力？什么情节极具沉浸力？什么语言极具感染力？“之昊will”会反复遴选主题，最终给出让人满意的答案。正是在这种精致化战略的加持下，“之昊will”输出的每一篇笔记都堪称佳品，或于幽默搞笑的情节中暗藏艰苦奋斗的英语学习“真经”，或将英语学习方法巧妙地嫁接于家庭话题中，或通过一个个英语段子输出学习妙论……总之，大家看了笔记都先会大笑，大笑之后，便会收获暗含其中的英语学习方法，在快乐中收获“真金白银”。

比如，在一篇分享自己是如何学习英语的视频笔记中，“之昊will”便通过“挑起话题（我不想结婚）——母亲用英语训话（为什么要结婚）——

拼命做记录（母亲说的英语）——母亲修改拼错单词”的故事情节，和用户分享了自己的英语学习日常，在幽默的氛围中揭示了“听”之于英语学习的重要性。这篇视频笔记因为精致的故事构思和人物的真性情出演，发布之后便受到用户围观，截至2022年10月5日，共收获6.5万点赞，被4222个用户收藏，如图2-10所示。

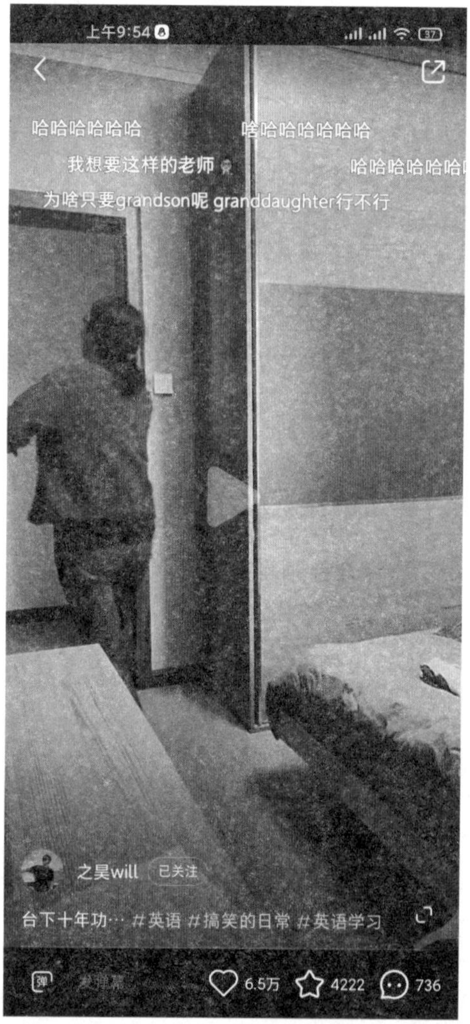

图 2-10 “之昊 will”发布的高人气视频笔记

可见，精致化是小红书博主进行差异化定位行之有效的途径。那么，如何走好精致化道路呢？有三种方法，如表2-4所示。

表2-4　小红书账号精致化方法

方法	解读	举例
精致化的账号设置	要用心设计账号，将账号扮靓	精心设计头像、简介等
符合用户期待的主题	主题要符合目标用户的期待，用户喜欢什么就设计什么样的主题	目标用户为办公室白领，主题为“日常工作简妆容速成”
有强烈的矛盾与冲突	设计一个或多个强烈的矛盾与冲突，营造极致的幽默、快乐、悲痛等情绪	身高一米八、体重二百六十斤的大汉被娇小的媳妇训话

2.4　靠解决痛点爆火的“吧唧一口”

小红书账号在定位时，痛点不容忽视——谁抓住了目标用户群体迫切想要解决而又一直解决不了的问题，谁的小红书账号便会具备超级吸引能力，试想一下，用户怎么会放过从苦恼和困境中超脱出去的机会呢？怎么会错过让自身变得更优秀、更强大的机会呢？小红书博主“吧唧一口”，便是依靠解决用户痛点快速崛起的典型。

2.4.1　不会做家常菜？没关系，有我

小红书博主“吧唧一口”是一名“00后”女孩，最崇尚的事便是“干饭”，就像她最爱说的一句话——能吃是最大的福气！入驻小红书时，“吧唧一口”之所以选择美食领域，一方面，是因为自身的喜好和特长——她不仅喜欢“干饭”，而且还超级喜欢研究烹饪，善于将普普通通的食材变成美味下饭

的佳肴；另一方面，还在于她对当下青年男女日常饮食痛点的深刻体会。

当下的年轻人，在面对“如何做出美味家常菜”这个问题时，异常烦恼：他们对家常菜有迫切的需求——快节奏的工作，需要美食来补充体力上的消耗；崇尚精致的生活情调，需要美食来满足精神上的期待。但从小受到父母无微不至的关怀、衣来伸手饭来张口的他们，对烹饪技术却一窍不通，大多处于“能做熟却难以下咽”的状态。这种强烈的反差，时间一长，便成了困扰年轻人的痛点。

小红书博主“吧唧一口”正是抓住了年轻人的这一痛点，在定位美食领域的基础上，又做了进一步细化，将自身角色定位为“教年轻人做出美味家常菜的美食顾问”。因此，其发布的笔记，都具有十足的吸引力，用户不仅积极点赞、评论，还喜欢收藏。

比如，其发布的一篇名为《感觉以前的鱼都白吃了》的笔记，便聚焦家常菜中的常客——鱼，分享如何用黑鱼做葱油鱼片。因为做法简单，可操作性极强，既迎合了青年男女的“懒”和“喜欢速成”，又满足了他们短时间内做出一道色香味俱全美食的幻想，一经发布，便成爆款——截至2022年10月17日，这条笔记被点赞6.1万次，被收藏数更是达到了惊人的7.5万次，如图2-11所示。

图 2-11 “吧唧一口”发布的爆火笔记

2.4.2 聚焦美食制作过程

抓住了目标用户的痛点，只是吸引用户关注的第一步，要想将用户变为铁粉，我们还需要提出解决方案。毕竟，找到痛点而不解决它，对于小红书用户而言，笔记只能引发一定程度上的认同感，而无持续关注的价值——谁愿意天天体验痛苦而不希望彻底消灭它呢?

小红书博主“吧唧一口”便通过聚焦痛点解决方案，最大限度地提升了其账号在用户眼中的分量，赚足了用户眼球——通过聚焦美食制作过程，让用户一看便懂，一学便会，一做便出师。

“吧唧一口”主要从两个方面聚焦美食制作过程：

第一，简化美食制作过程。“吧唧一口”提供的美食痛点解决方案，最显著的一个特点便是简单——相对于其他美食博主那些令人眼花缭乱的烹制工序，“吧唧一口”输出的美食制作笔记却在做减法，以便用户记忆。

比如，在一篇教大家如何做农家小炒鸡的笔记中，“吧唧一口”用简单几句话概括出了做法：鸡腿去骨切块，加调料腌制10分钟→热锅下肉，煎熟盛出→炒香蒜末和青红椒→加入鸡腿肉，加入半勺豆瓣酱→加入葱段→翻炒均匀出锅。

第二，将美食制作步骤集成在一张图片中。为了便于用户掌握美食制作步骤，“吧唧一口”会将烹饪美食的要点集成于一张图片中，堪称缩微版美食教材。但是，“吧唧一口”的美食教材简练却不简陋，集成于一张图片上的美食要点，都配有精致的解说图片，做到了要点和图片相互映照，大大方便了用户按图烹饪。

比如，在一条教大家如何做芥末虾的笔记中，“吧唧一口”将每个步骤的要点和对应的图片集成于一张图中，制作出了“缩微版芥末虾烹饪教程”。因为要点简练明确，又有应景的图片对照，用户得以精准掌握芥末虾烹饪的步骤和火候，想不做出色香味俱全的美食都难——用心、高效的解决方案，赢得了用户的热情回应，这篇笔记也因此收获了1.3万个赞，被收藏1.5万次，如图2-12所示。

2.4.3 文案构建美好预期

除了使用高效解决方案快速消除用户美食痛点赢得关注之外，小红书博主“吧唧一口”还非常善于利用文案构建诱人的美食预期，占领用户心智，推动他们分享。

“吧唧一口”利用文案构建美好预期的方法主要有三种：

首先，拟定一个富有感染力的标题。笔记的标题，是小红书用户了解笔记内容的窗口，标题好不好，是否具有感染力，会直接决定用户是继续阅读、观看，还是手指一划，弃之而去。“吧唧一口”发布的笔记的标题都极富感染力，往往能让用户看一眼便生出强烈的探究欲望。比如，《有幸在席上吃过一回，真的巨好吃》《感觉以前的生蚝都白吃了》《因为这道菜，我妈在小区出名了》等，这些笔记标题让用户一看，便感染力十足，让大家忍不住点击进去仔细阅读。

图2-12 “吧唧一口”发布的教用户做芥末虾笔记

其次，放大美食色香味的诱惑。通过放大美食在色、香、味等方面的特点，刺激用户的感官，继而营造出一种亲自动手做出美食的期待感。比如，

“吧唧一口”在一则分享“虾仁滑蛋”的笔记中，这样描述：“虾仁滑蛋巨巨巨好吃！鸡蛋嫩滑鲜美，虾仁爽滑Q弹！一上桌就秒光！配米饭，三碗不够吃，哈哈哈。”如图2–13所示。

最后，渲染美食带来的美好场景。当你学会了这道美食，你的生活会发生怎样的改变？你能获得什么美好的体验？在“吧唧一口”的笔记文案中，便有这些问题的答案。比如，在一条分享鸡蛋如何做才好吃的笔记中，“吧唧一口”如此写道：“学会了这道超级下饭的家常菜，您就能在亲人、朋友面前露一手，不仅让他们吃到香到骨子里的美味，还能让他们集体竖起大拇指，亲们，快来试试吧！”

图2–13 “吧唧一口”发布的色香味十足的笔记

2.5 分析竞品成为百万人塑形教练的“SumanSoul 二姐”

小红书账号在做定位时，竞品分析是非常重要的一环——在小红书平台上，每个行业内都存在数以千计的博主，每时每刻都在输出行业垂直内容。简单地说，小红书上的笔记千千万万，用户为何非要关注你呢？小红书博主“SumanSoul二姐”通过分析竞品，完美地回答了这个问题。

2.5.1 拒绝同质化内容，追求独特性

通过分析竞品来做定位，主要的目的是取长补短，走出同质化陷阱。特别是在小红书平台上，在同一领域辛勤“耕耘”的博主们，每天都会产出成千上万篇笔记，想要自己的笔记从这些笔记中脱颖而出，同质化是最大的绊脚石——相同主题、类似内容的笔记，往往会让用户产生审美疲劳，甚至产生厌恶情绪，只有具备某种独特性的笔记，才能令用户眼前一亮，从内容的海洋里找到你、关注你。

小红书博主“SumanSoul二姐”的成功，竞品分析功不可没——当其他健身博主还在孜孜不倦地输出健身器材使用、健身操、传统健身技巧和秘诀时，“SumanSoul二姐”却另辟蹊径，将传统的健身升级为“塑体”，即通过持续锻炼，让该瘦的地方瘦下来，该翘的地方翘起来，该挺的地方挺起来，引导身体逐渐向“完美”二字靠近。

这种神奇的塑体成就了“SumanSoul二姐”，她发布的每一篇笔记，对那些一直想改变身体某些部位形状的用户都产生了巨大的吸引力。“SumanSoul二姐”也凭此变身为“人气黑洞”，截至2022年10月24日，

其账号粉丝数为414万，笔记点赞量1388万，成功跻身小红书平台头部博主行列。

小红书笔记拒绝同质化的方法概括起来有三种，“SumanSoul二姐”采取了升华的方法，如表2-5所示。

表2-5 小红书笔记拒绝同质化的方法

方法	解释	举例
升华	在传统内容的基础上，添加新的元素，最终演化出一个更高层次的领域	在传统健身概念的基础上，添加“塑身”元素，开创出一个新颖而富有吸引力的领域
细化	通过深挖领域内的某一内容，持续输出干货，避开同质化陷阱	聚焦中年男女的“大肚子”，分享各种快速消灭大肚腩的方法和技巧
创新	通过主题、内容、表现形式等方面的创新，为笔记贴上新颖标签	比如，同样是做美食，你可以通过视频技术，让食材自己“洗澡”、分解、下锅、装盘等

2.5.2 另辟蹊径，在热圈里关照“冷门”受众

小红书博主“SumanSoul二姐”的差异化竞品定位，还表现在对目标用户群体的选择上。当小红书健身领域绝大多数博主，将目标用户锁定在年轻女性时，“SumanSoul二姐”则在此基础上，对自己的目标用户群体进行了再定义——在兼顾年轻女性塑身需求的同时，重点输出老年女性群体塑身内容。

“SumanSoul二姐”通过分析竞品发现，小红书平台上绝大多数健身博主发布的笔记大多迎合年轻女性，瑜伽、健美操等高难度或快节奏的健身内容数不胜数，而针对老年女性群体塑身需求的干货却少之又少——毕竟，相对于年轻女性用户，老年女性属于“少数派”。但“SumanSoul二姐”却不这样认为，她敏锐地洞察到，所谓“老年女性属于少数派”的观点其实并不正确——适合老年女性的，一定适合年轻女性；而适合年轻女性的，却

不一定适合老年女性。简单地说，将老年女性作为目标用户群体，笔记覆盖的范围非但不会缩小，反而还会扩大。更重要的是，作为第一个“吃螃蟹”的博主，只要内容质量过硬，在没有强大竞争对手的前提下，小红书账号必然能够快速吸粉，打响知名度，在短时间内崛起。

果然，随着“SumanSoul二姐”持续输出针对老年女性塑身的视频笔记，她在小红书平台上快速崛起——那些随着年龄增长而身体逐渐走形的五六十岁的女性，纷纷被其笔记所吸引，争先恐后地涌入其主页——截至2022年10月24日，“SumanSoul二姐”拥有粉丝量414万，成为小红书平台上不折不扣的“大佬”，如图2-14所示。

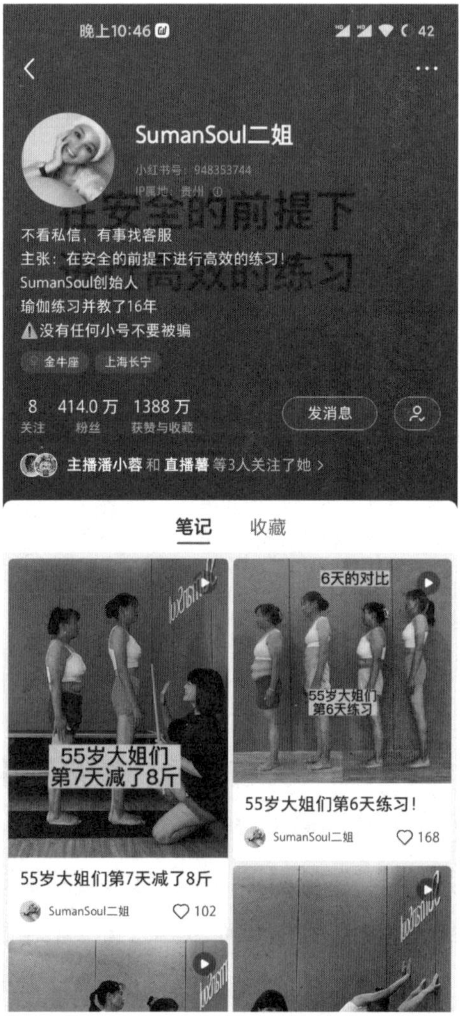

图 2-14 “SumanSoul 二姐”的小红书主页

小红书博主“SumanSoul二姐”分析竞品确定目标用户的方法为规避法，分析竞品确定目标用户的方法可以总结为两种，如表2-6所示。

表2-6 分析竞品确定目标用户的方法

方法	解释	举例
细分法	找到竞品的目标用户，将其细分，聚焦其中的某一适合自身的群体，持续输出干货笔记	竞品的目标用户为年轻女性群体，我们可细分出办公室女白领为自身目标群体
规避法	规避竞品的目标用户，以“冷门人群”为目标，规避强大的竞争压力	竞品以年轻女性为目标群体，“SumanSoul二姐”以老年女性为目标群体

2.5.3 简化动作让跟练更轻松

价值最大化，既是小红书博主成功的关键，也是分析竞品的最主要目标——谁能让用户在规定时间内以最小的代价实现预定目标，谁便是该领域的“人气黑洞”、小红书平台上“最靓的仔”。

小红书博主“SumanSoul二姐”的成功，很大一部分原因在于其能通过分析竞品找到降低用户实现目标的成本的方法，即简化动作、降低难度，让塑身从虚无缥缈的动作，变成只要付出便能短期内实现的目标。

比如，对于中老年女性而言，大肚腩是一个非常恼人的痛点——虽然平时注意节食，但腰围在一天天膨胀。针对中老年女性的这一痛点，“SumanSoul二姐” 抛出了“大肚腩，腰围3天减掉5厘米”的目标。这一目标在很多人看来是“不可能完成的任务”，但在“SumanSoul二姐” 的系列视频笔记中，却奇迹般地实现了，而成本仅仅是每天重复平板支撑、收腹呼吸、卷尾椎、勾脚吸气等几个简单的动作！

高目标、低成本，“SumanSoul二姐”成了用户眼中的塑身顾问，想不火都难。

那么如何降低用户实现目标的成本呢？基于“SumanSoul二姐”的成功，可以总结出两种方法，如表2-7所示。

表2-7 降低用户实现目标成本的方法

方法	解释	举例
简化流程	精简流程，变复杂为简单，提升易操性，让用户能够快速上手	减掉大肚腩，将原本10个动作减少为5个动作，让用户一看就会
分解目标	将大目标分解为数个小目标，通过降低难度，间接降低用户实现目标的难度	减掉大肚腩，3天腰围减少2厘米，10天腰围减少5厘米，20天腰围减少8厘米

2.6 和“小熊的奇思妙想”一起寻找市场稀缺方向

物以稀为贵，是市场法则，也是小红书账号定位的永恒真理——谁能找到稀缺方向，谁便能在成长阶段避开“强敌”，快速吸粉引流，完成从草根到网红的蜕变。小红书博主“小熊的奇思妙想”，便是因为掌握了这一定位密码，继而迅速完成人气积累，成功跻身小红书平台头部博主行列。

2.6.1 大家都缺少快乐

随着生活和工作的节奏加快，人们越来越像旋转的陀螺，忙忙碌碌一刻也不停歇，休闲娱乐的时间就越来越少，快乐因此成了稀缺资源，小红书博主“小熊的奇思妙想”便因为看清了这一点，巧妙地进入了一片“竞争压力空白区”，开启了“野蛮吸粉模式”。

大家都缺少快乐，但小红书平台上输出快乐内容的博主却很少，而生产极致快乐内容的博主更是凤毛麟角。因此，小红书博主“小熊的奇思妙想”将自身定位于“疲惫消除机+开心生产商”，通过笔记持续输出快乐内容。

如此一来，“小熊的奇思妙想”便抓住了快节奏用户的碎片化时间，他们被其快乐笔记所吸引，在工作间隙、通勤、休息时，总会掏出手机，第一时间搜索“小熊的奇思妙想”，在微微一笑或哈哈大笑之余，将浑身疲惫一扫而光，为原本郁闷的心穿上快乐的外衣。

正因为找到了市场稀缺方向，化身用户的快乐制造机，“小熊的奇思妙想”发布的每一篇笔记，都会受到用户的追捧。比如，其发布的一篇名为《妈妈想象中的你在大学》的视频笔记，通过对比妈妈想象中的大学生活和实际大学生活，营造出一种真实而幽默的气氛，继而引发了年轻用户群体的强烈共鸣——截至2022年10月26日，这篇视频笔记获得了7.4万个赞，如图2-15所示。

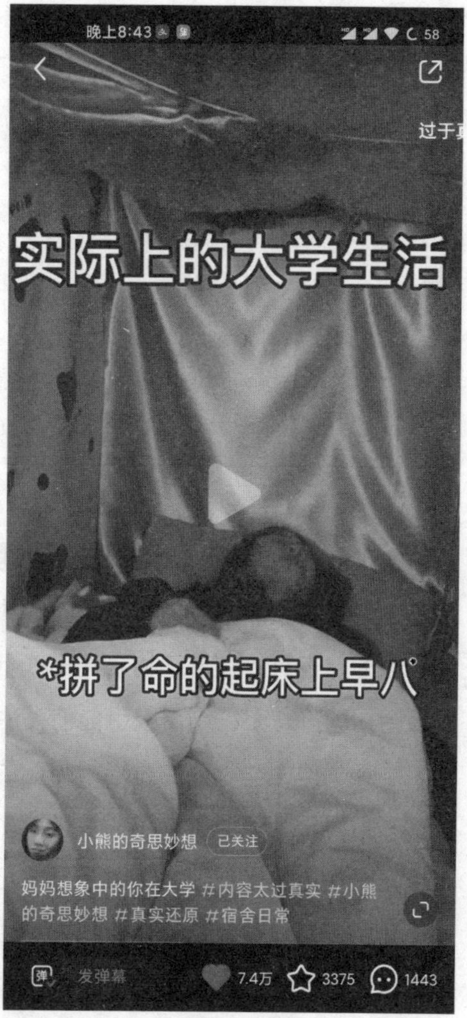

图 2-15　“小熊的奇思妙想”发布的高人气视频笔记

如何才能和“小熊的奇思妙想”一样，在小红书平台上精准找到稀缺市场，化身“人气黑洞”，快速走红呢？有三种方法，如表2-8所示。

表2-8 挖掘稀缺市场的方法

方法	解释	举例
逆向法	通过逆向思考，找到稀缺的创作领域，继而为自己贴上稀缺标签，快速吸引用户关注	不追求色香味俱全的美食，只分享简单速成的做菜方法
换位法	站在用户的立场上，思考他们十分期待但还未能被满足的需求，继而找到稀缺市场	常年在钢筋水泥的建筑物中吃饭，极度渴望野外就餐
细分法	通过细分行业，找到一个之前不被看好或者被大部分博主所忽视的方向	通过细分美食领域，拆分出这种野外烹饪——石板为锅，烹制各种美食

2.6.2 独特呈现形式自带趣味性

小红书博主想要凭借着稀缺内容快速崛起，除了找准稀缺市场避开激烈的竞争外，还可以在笔记输出的形式上做文章——通过输出形式的稀缺性，刺激用户的好奇心，继而吸引他们关注和分享。

小红书博主“小熊的奇思妙想”的走红，便离不开其笔记独特的表现形式——相对于其他博主传统的单人或多人出镜，其采用了新颖的一人出演两个或多个角色的表现形式，赋予了笔记内容更加强大的幽默感。一个人扮演两个角色，前一秒还是青春四射的学生，后一秒就变成了严肃呆板的家长，学生叛逆，家长严厉，再加上惟妙惟肖的语言和动作，最终为大家呈现出了爆笑力十足的剧情。

比如，在一篇名为《弟弟小时候VS弟弟长大》的视频笔记中，小红书博主“小熊的奇思妙想”一个人分别饰演“姐姐”和“弟弟”两个角色：小时候，姐姐想要出门，弟弟会好奇地问“去哪儿”，之后便是死缠烂打，非要做条“小尾巴”；长大后，姐姐主动邀请弟弟一起出去玩，弟弟盯着手机的眼睛抬也不抬，随口拒绝，即使姐姐抛出“吃大餐”的诱惑，弟弟也不屑一顾。这篇视频笔记因为展现形式稀缺（一个人分饰两个角色），内容超级真实且幽默力爆棚，截至2022年10月，获得了11万个赞，被收藏4949次。

可见，独特的呈现形式，能够更丰富地诠释我们的笔记内容，赋予其真实、幽默、奇幻等效果，不仅吸睛，还能在用户心中留下更加深刻的印象。

那么，如何像“小熊的奇思妙想”一样，为内容呈现形式贴上稀缺标签呢？在输出笔记时，我们可以根据题材、内容等，灵活选择三种稀缺内容的呈现形式，如表2-9所示。

表2-9 稀缺内容的呈现形式

呈现形式	解释	举例
技术稀缺	运用后期视频剪辑技术，打造出和行业内主流笔记存在显著差异的内容呈现方式	别的美食博主都是真人烹煮，你却让食材自己分解、下锅
演绎稀缺	通过独特的演绎形式表现内容，营造某种极致的表现效果，继而展现出稀缺性	其他博主一人扮演一个角色，你却一人扮演两个甚至多个角色
环境稀缺	相对特殊的环境，也能在很大程度上凸显笔记的稀缺性，达到吸引用户关注的目的	相对主流的厨房烹饪，在特殊的野外环境里烹饪，更稀缺

2.6.3 奇思妙想乐翻天

小红书博主“小熊的奇思妙想”的成功，还和其思维与想法的稀缺性有着直接关系。思维稀缺、想法独特，输出的笔记便会与众不同，发布后，往往能够让用户眼前一亮，吸引他们在第一时间点击、分享。

“小熊的奇思妙想”思维和想法的稀缺性，主要表现在以下两个方面：

首先，极度真实。小红书博主“小熊的奇思妙想”侧重挖掘生活中的真实，将人们都曾经历但却似乎遗忘的东西，再加工后以极致化的形式呈现在用户眼前。相对于其他博主普遍的夸张、表演甚至编造，“小熊的奇思妙想”所展示出来的这种极致真实，往往能够让用户产生强烈的共鸣，继而成为其忠实的粉丝。

比如，“小熊的奇思妙想”发布的一篇《当你突然穿辣妹装》的视频笔记，便超级真实地再现了大学女生突然穿上辣妹装之后，舍友的反应：不管是从表情、语言还是动作上，都能让年轻女性用户在大笑之余，不停地点头，从中找到自己的影子。

其次，强烈的对比。人们往往对有比较的事情和人印象更加强烈，比如一个人有多好，听的人往往没什么感觉，但假如我们将其和另外一个人作比较，以他种种坏的语言和行为来衬托这个人的好，那么传入别人耳朵里，对这个人的好印象便会加深。

比如，“小熊的奇思妙想”发布的一篇名为《当弟弟突然联系你》的笔记，前半段展示的是自己在大学多姿多彩的生活中突然接到了弟弟发来的关心信息，然后觉得自己忽视了弟弟，充满了内疚；后半段，弟弟在一句关心话之后，紧接着便是要钱，将自己心中的内疚击得粉碎。这种强烈的对比，营造出了超强的幽默感。

第3章

不懂算法，再努力你也火不起来

不管做什么事情，天时、地利、人和缺一样都很难成功，在小红书上“冲浪”也是如此：抓住小红书平台迅速发展的机遇期，这是天时；营造良好的用户关系，这是人和。那么“地利”是什么呢？对于小红书博主而言，掌握其算法精髓，便是地利。

3.1 平权的社区，一切凭内容说话

俗话说："知己知彼，百战百胜。"想要在小红书上迅速崛起，开辟出属于自己的一片天地，小红书博主就必须首先将小红书的内容推荐机制研究透彻。在小红书平台，推荐机制对每个人都是公平的，优质且对目标用户胃口的内容永远都是带来流量的"硬通货"。

3.1.1 小红书流量的去中心化机制

小红书的流量机制可以用"去中心化"四个字概括，即小红书博主发布的内容所能获得的流量直接和内容品质挂钩，和账号权重、粉丝数量、被分享次数等没有任何关系。

首先，小红书博主的内容在小红书平台上能不能在第一时间吸引用户关注和点击，能否获得更多的流量和曝光度，是由三大要素决定的，如图3-1所示。

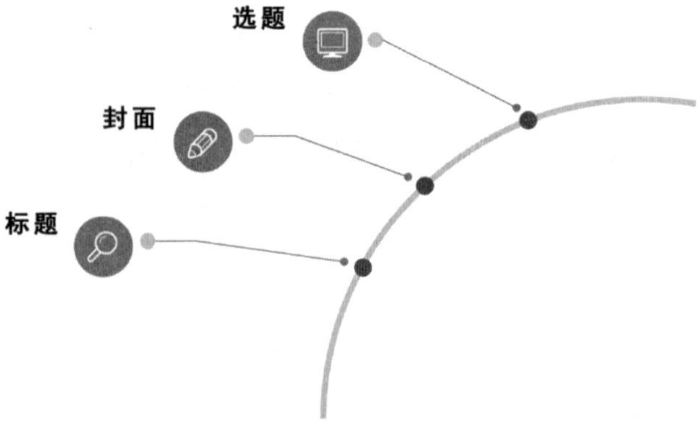

图 3-1 刺激用户点击的三大要素

也就是说，一个符合目标用户口味的热门选题，配合精心设计过的封面和标题，在小红书上获得的流量支持都不会很差。

其次，在没有违规和限流的前提下，小红书的流量推送逻辑表现为“用户至上”，如图3-2所示。

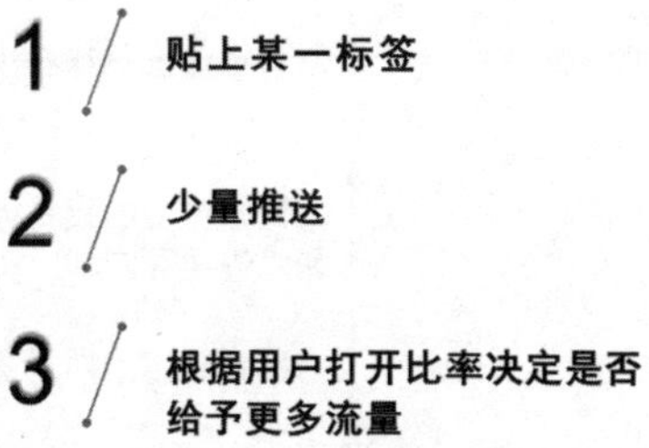

图 3-2　小红书流量推送逻辑

小红书博主的笔记发布后，系统会根据内容赋予其一系列标签，并将其少量地推送给可能对这些标签感兴趣的目标用户。假如用户点击率高，点赞、收藏和评论积极，那么系统便会将笔记放入一个更大的流量池，给予其更多的流量支持。反之，假如在少量推送阶段，用户对博主的笔记视而不见，点赞量、收藏量和评论量少得可怜，那么系统便不会再给予其流量支持。

3.1.2　明星、网红和新手“一样沉”

作为新手，想要在小红书上拼搏出一片广阔的天地，最担心的就是平台流量向头部账号倾斜——流量就那么多，领域内的头部账号拿了大头，新手想要快速成长，自然就非常困难了。其实这种担心完全是多余的，小红书平台的另一个重要体现便是明星、网红和新手不管在账号权重还是流量获得上是“一样沉”的。

小红书的流量分发逻辑有四点，如图3-3所示。

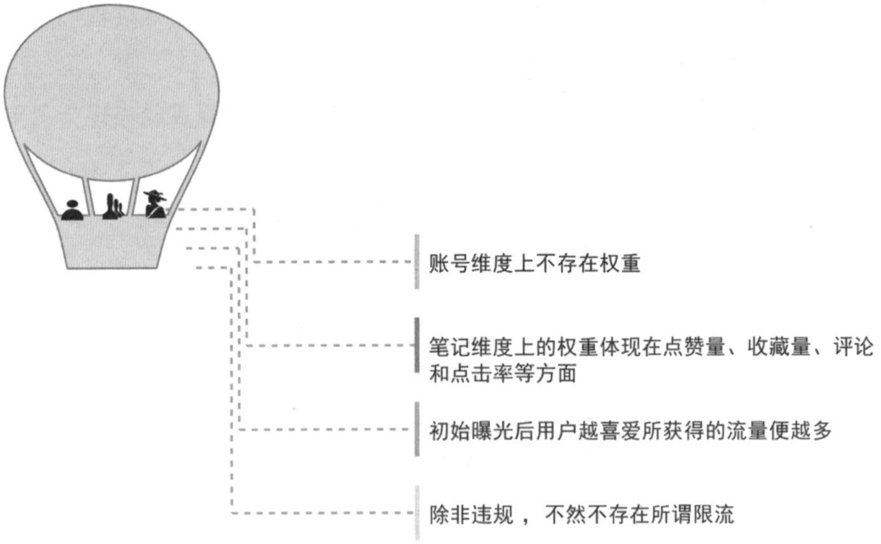

图 3–3　小红书流量分发逻辑

这种流量分发逻辑导致两个非常有趣的现象：

其一，小红书创作入门门槛变低。只要有创作的想法，能产出有趣的内容，便可能在小红书上一炮而红，从草根快速蜕变为网红。

其二，小红书社区更加平权。流量由内容和用户决定，让小红书变得更加公平。所以，在小红书平台上经常出现一些只有几百个粉丝甚至几个粉丝的博主，发布的笔记却成了爆款，而那些拥有几十万甚至几百万个粉丝的明星达人，发布的不少笔记点赞量不足一千甚至未曾过百。

如此一来，小红书的入门门槛变低和流量平权之间就形成了一个相互促进的生态闭环，促使更多的普通人加入小红书的创作大军，如图3–4所示。

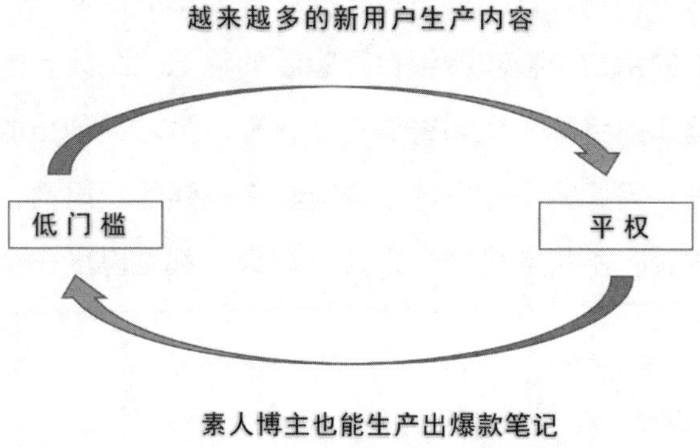

图 3–4　小红书低门槛和平权形成的良性闭环

3.1.3　流量和内容成正比

小红书博主想要获得平台较大的流量支持，完全凭借内容说话——发布内容品质越高，越适合用户口味，所获得的流量便越大；反之，内容质量越差，越不为用户所喜欢，所获得的流量就越少。

通常而言，小红书爆款笔记都具备三个明显的特征，如图3–5所示。

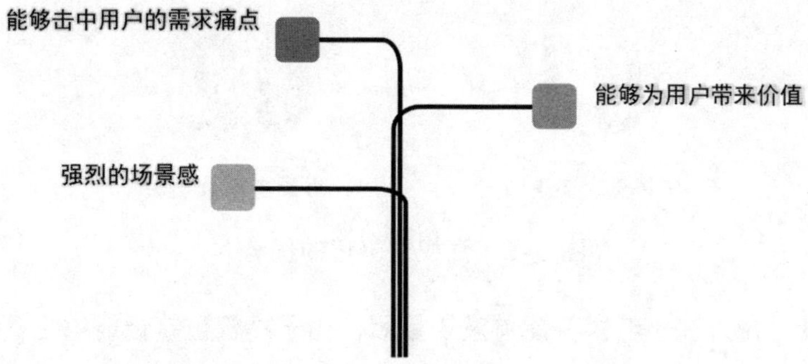

图 3–5　小红书爆款笔记的特征

另外，相对于抖音、快手等平台，小红书笔记的价值主要体现在实用性上，因此小红书的用户更喜欢搜索自己想看的笔记。绝大多数用户登录小红书平台都有着具体的目标，比如查看美食教程、学习某种技能等，而非即时性的闲逛和娱乐。因此，小红书笔记内容具有很强的长尾性，很多小红书笔记生命周期非常长，不管点赞数还是被收藏数，都呈现出一个缓慢但不断增长的趋势。

3.2 提升笔记权重，获得更高曝光度

虽然小红书账号维度上并不存在权重，但是笔记维度上的权重却是真实存在的，并且在很大程度上影响着内容所获平台流量支持的力度。因此，一个优秀的小红书博主，在发布笔记前，会有针对性地提升其权重。

3.2.1 高权重笔记的优势

相对于一般的笔记，高权重笔记的优势主要有两个，如图3-6所示。

01 获得更大流量池

02 获得更多曝光机会

图 3-6 高权重笔记的优势

也就是说，在小红书分配首波流量后，由于高权重笔记能够更精准地触达用户，刺激用户点赞、收藏和评论，因此在第二波、第三波流量分配中能够获得更大的流量支持，出现在更多用户面前。

另外，由于高权重笔记关键词设置合理，被用户搜索到的概率会更大，

获得的曝光率也会随之提高。而曝光率的提升，也会反过来刺激更多用户点击观看，使得笔记获得更多平台流量。

3.2.2 提升笔记权重四法

既然高权重笔记可以获得更多的平台流量支持和曝光度，那么在实际操作中，我们该如何提升其权重呢？

通常而言，我们可以采用四种方法提升笔记的权重，如表3-1所示。

表 3-1　提升笔记权重的方法

方法	分析	举例
提升笔记点击率	笔记点击率的高低是影响笔记权重的重要指标，用户点击率高，笔记权重自然便会升高	为笔记设置一个吸睛的标题、一张满是引爆点的封面
吸引用户点赞	点赞代表用户发自内心地喜欢，点赞数越多，笔记的权重就越高，所获流量支持便越大	笔记中写道："亲们，喜欢就动动高贵的小手点赞吧！"
提升笔记收藏量	笔记之于用户的实用性越强，发布后被收藏的数量越多，权重便越高	笔记中写道："年夜饭之拔丝黄河大鲤鱼做法，不收藏吃大亏！"
引导用户评论	用户参与感越强烈，评论的积极性越高，笔记的权重便越高，所处流量池便越大	笔记中写道："大家对过年带女朋友一起回家有什么看法呢？"

3.2.3 原创力和权重成正比

很多人总是觉得内容原创很费时、费力、费钱、费脑细胞，不如转发现成的短视频轻松，其实不然，转发虽然轻松，但是别人的东西体现不出自身的创意和个性，而没有创意和个性的笔记自然吸引不了用户关注，权重也就无从谈起。

那么如何做好原创呢？小红书博主秉承以下两个原则即可。

首先，坚持“三有原则”。所谓“三有”，即有情、有趣、有热点。小红书原创笔记所展示出来的趣味性和情感必须合乎用户的口味，内容要能让目标群体产生强烈的情感共鸣。小红书博主需要让笔记内容和热点产生某种关联，也就是我们经常说的“蹭热点”。

其次，前三秒“短平快、稳准狠”。原创笔记想要火起来，必须在一开始就抓住目标用户群体的眼球，就如同人和人之间的“第一印象”，往往第一眼就决定了彼此今后的关系。原创笔记必须在前三秒内将观点鲜明地呈现出来，烙印在观众的头脑中。

需要注意的是，并非所有原创都需要用自己的大脑“生产”。以视频笔记为例，通过对已有视频素材的二次加工，加入自己的风格和创意，制作出来的笔记也属于原创，具体步骤如表3-2所示。

表3-2 视频笔记的二次加工步骤

步骤	分析
定主题	首先要想好想要发布的视频笔记的主题，如“毁童年”
找素材	在网络上搜索和主题相关的视频素材，如《葫芦娃》《灌篮高手》等视频素材
选素材	从搜索出来的素材中选出一些时长较短且适合主题的视频，进行下载
拼接视频	将选好的相关视频进行剪辑拼接
配音解说	根据视频内容，进行配音解说

3.3 做好冷启动，进入更大流量池

在小红书的算法中，冷启动阶段是决定内容能否进一步获得更多流量支持的关键。因此，小红书博主需要了解冷启动阶段推荐机制的运行逻辑，才能更好地优化内容，让自己发布的笔记最大限度地符合算法“口味”，继而进入更大流量池。

3.3.1 首次推荐—判断—流量再分配

小红书博主发布笔记后，算法会立即为其打上一系列标签。比如，我们发布了一篇分享年夜饭大菜“德州扒鸡”的笔记，算法首先会为其打上“美食”“年夜饭”“德州扒鸡”“春节”“团圆”等标签，之后，便会进入冷启动阶段。

小红书笔记的冷启动，可分为三个阶段。

阶段一：首次推荐。算法会根据笔记的标签，将之推送给可能对内容感兴趣的少量用户，“观察”用户对笔记内容的态度。比如，将分享年夜饭大菜“德州扒鸡”的笔记推送给经常在小红书上搜索“美食”的用户。

阶段二：判断。将内容推送给用户之后，算法会根据用户的点击率、点赞数、收藏量和评论积极性等指标判断内容品质高低和是否受欢迎。比如，用户在看到算法推荐的年夜饭大菜“德州扒鸡”笔记时，100个人中有90个人点击了封面，这个点击率是非常高的，算法便会将之标记为“优质内容”。

阶段三：流量再分配。判断出内容品质的高低后，小红书算法会对其进行流量再分配：品质高的、用户反馈积极的内容，会被放入更大的流量池，出现在更多用户眼前；反之，品质差的、用户反馈冷淡的，则会减少流量支持。

可见，小红书笔记想要火起来，做好冷启动是非常重要的，否则就会变成无油的汽车，即使我们将油门踩到底，它也跑不出我们期望中的速度。

3.3.2 打好标签确保精准投放

既然小红书算法会根据内容标签匹配对其感兴趣的用户，因此，打好内容标签便成了笔记精准投放的关键要素。简单地说，内容标签设置越合理，算法推荐便会越精准，用户的反馈才会更积极，冷启动才会成功。

通常而言，在小红书上，我们可以设置四种标签，如图3-7所示。

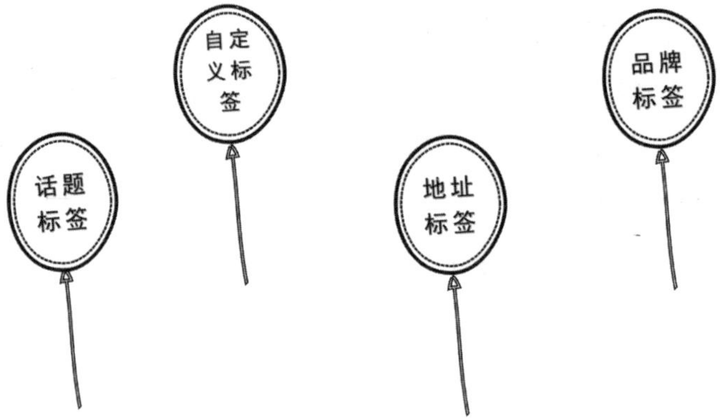

图 3-7　小红书笔记可设置的四种标签

其中自定义标签设置合理的话，对内容获得更大流量支持的帮助最大。那么在自定义标签时，如何找到准确的内容标签呢？有三种方法，如表3-3所示。

表3-3　找到准确的内容标签的方法

方法	分析	举例
提炼内容要点	将笔记内容要点提炼后列于封面或标题中，或通过笔记中人物对话不断重复，方便算法更好识别	年夜饭美食、简单家常菜、冬季养生、爆笑中学课堂
浓缩用户需求	将目标用户的需求浓缩为内容的标签，方便算法快速识别提取，精准推送给有需求的用户	快手菜、解酒汤、健康三餐、天冷必吃、懒人必学
构建价值场景	将可预见的价值场景浓缩为简洁几个字的内容标签，便于算法更精准地推送给用户	30秒学会、简单零失败、聚餐必备、全能媳妇养成

3.3.3　引导用户“三连击”

在小红书的推荐机制中，用户的点赞量、收藏数和评论数是非常重要的

“加分”指标，点赞量越高，被收藏次数越多，参与评论的人越多，代表着内容之于用户越有价值，算法便会给予笔记更大的流量支持，将其推荐给更多的用户。

因此，想要提升内容的权重，小红书博主还必须想方设法引导用户“三连击”：点赞、收藏和评论。

提升内容质量

一方面，小红书博主需要提升笔记的品质，确保内容文字简洁，语句精美，画面清晰，逻辑完整；另一方面，笔记要有干货，能够满足用户的需求。因为内容是用户是否“三连击”的基础，高品质的内容才会激发用户点赞、收藏和评论的积极性，内容平平的笔记只会让用户弃之如敝履。

提升干货量

干货量是吸引用户“三连击”的一个重要因素，通常而言，内容干货越多，意味着用户能够得到的价值越大，被点赞、收藏和评论的概率自然就会变得更高。比如，同样是做PPT的技巧，10个技巧和3个技巧比起来，大家会觉得10个技巧的价值更高，对自己的帮助更大，更具有收藏价值。因此，小红书博主提升内容中的干货数量，可以更强烈地打动用户，刺激他们更积极地互动。

触碰用户的刚需点

内容只有解决用户较为急迫的需求，才会被用户发自内心地认可，继而“三连击”。比如，有详细操作步骤的家常菜做法相对泛泛而谈的美食分享更有吸引力。简言之，能够触达用户刚需点的内容，才更易于点燃用户的“三连击”冲动。

那么小红书博主如何触碰用户的刚需点呢？具体方法如图3-8所示。

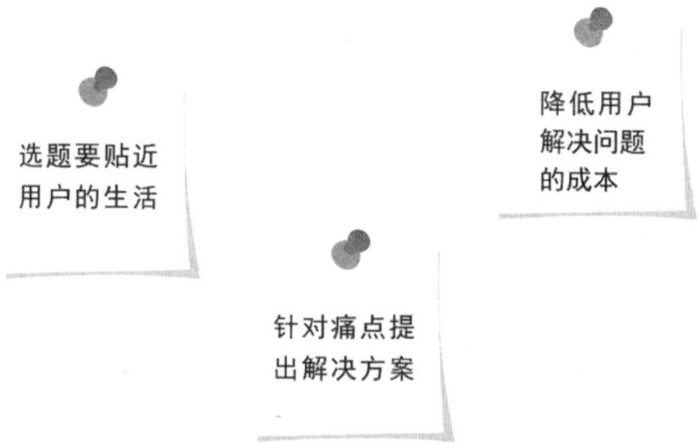

图 3–8 触碰用户刚需点的方法

拥有足够深的代入程度

所谓足够深的代入程度，即内容要有足够的参与感和现场感，要能让用户获得愉悦的体验感。比如，同样是美食视频，快手菜往往比很多名菜更受用户欢迎，获得的点赞数更多，也更易于被收藏，一个最主要的原因是快手菜拥有足够深的代入程度，能够更贴近用户的生活。而那些名菜则需要用户准备很多原材料，掌握一定的刀功和火候，烦琐异常，与用户的实际生活相去甚远，参与感不强。

3.4 设置好关键词，捕获搜索流量

小红书相较于抖音、快手等平台的一个显著区别是，笔记更侧重于内容的实用性，用户更倾向于通过搜索找到适合自己的笔记。简言之，小红书平台的搜索流量更大。因此，小红书博主想要快速崛起，完成从草根到网红的蜕变，就必须抓住搜索流量。

3.4.1 关键词的三大特征

所谓关键词，是指用户在搜索时所输入的关键性词语，比如“美妆”“美食”等。内容标签、标题、正文或者人物对白中植入了这些关键词后，当用户搜索时，我们的笔记出现在用户眼前的概率便会大大增加。

通常而言，一个高效关键词需要具备三个特征，如表3-4所示。

表3-4 高效关键词的三个特征

特征	分析	举例
相关性	关键词必须和内容具有高度的相关性，这样用户在输入关键词后才能更精准地搜到笔记	分享大年三十团圆饭做法，关键词设定为“团圆饭”“年夜饭”
搜索量	关键词的热度越高，被用户搜索的可能性就越大，笔记所获得的搜索流量便越高	“辣菜”“川菜”的热度较高，以此作为关键词被用户搜索到的概率会比较大
商业价值	关键词是否在目标群体中拥有一定的口碑？能否激发用户的点赞甚至消费行为？	美妆内容的小红书笔记，使用“冻龄”作为关键词

3.4.2 细分领域关键词

细分领域关键词也叫长尾关键词，是小红书博主主动获得精细化搜索流量的关键。由于小红书平台上相同领域的内容成千上万，因此“美食”“美妆”之类相对宽泛的关键词会搜索出大量的内容。而采用“主流关键词+细分领域关键词”的搭配，则可让用户更快速地找到我们的笔记。

比如，我们要在小红书上分享一个眼影视频笔记，如果我们将关键词设置为“眼影”的话，搜索出来的内容将是海量的，我们的内容较难引起用户的关注。假如我们采用“主流关键词+细分领域关键词”搭配的方法，将内容关键词设置为“眼影画法新手单眼皮”“眼影画法新手肿眼泡”之类的话，便会让有相应需求的用户快速找到我们的笔记，继而获得更多的搜索流量。

具体而言，我们可以采用“五聚焦”的方法找到细分领域关键词，如表3–5所示。

表3–5 找到细分领域关键词的“五聚焦”方法

方法	分析	举例
聚焦到人群	细分某一大品类时，可对目标人群做进一步的细分，使得内容更精准地匹配到用户	美食可细分为“儿童餐”“减糖餐”“月子餐”等
聚焦到成本	对产品或方案的成本进行细分，通过聚焦其成本提炼出关键词，更精准地触达目标用户	发布穿搭主题的笔记，关键词设为“百元穿搭”
聚焦到效果	通过聚焦产品或者解决方案的效果提炼细分领域关键词，方便用户快速搜索到笔记	美妆笔记关键词可根据分享内容设为“油皮必备”
聚焦到方法	通过对如何达到目标的方法进行聚焦，继而提炼出更加匹配目标用户的关键词	一篇健身类笔记，关键词可以设为“懒人舞健身法”
聚焦到产品	在分享某一产品或者使用心得时，可以通过聚焦产品提炼出关键词	分享咖啡饮用体验时可用“速溶咖啡”作为关键词

3.4.3 场景化关键词

所谓场景化关键词，是指将精细化的关键词放入具体的场景中。很多时候，场景对了，内容才会更应景，才能最大限度地匹配用户的需求，获得更多的搜索流量。

比如，我们在小红书上分享美食，在设置关键词时，可以加入一个常见的场景，“在家做饭”比“做饭”更具体，更容易被有相应需求的用户搜索到。假如我们所要分享的美食是在野外制作的，“野外”也是一个典型的场景，可以通过在笔记标签、标题和内容中添加“野外做饭”关键词的方式，方便用户更精准地搜索到内容。

那么如何提炼恰当的场景关键词呢？有三种方法，如表3-6所示。

表3-6　提炼场景关键词的三种方法

方法	分析	举例
地点场景法	为内容匹配一个具体的地点，让用户坚信在这个地方能够快速实现某一目标	分享如何在工作间隙健身，关键词可以设为“办公室健身”
人际场景法	将内容放入某种人际关系中，让用户认为看了便会在这种人际关系中学习使用	分享同事间聚餐，关键词可以设为“团建交际”
期待场景法	将内容放入一个用户期待的场景中，让用户觉得遇到这个场景的话方案会很有用	分享高考结束后毕业旅行攻略的笔记，关键词可以设为“毕业旅行”

3.4.4　关联流量品牌关键词

经常逛超市的人会发现这样一种现象：牙膏和牙刷会放在一起或者位置非常靠近，碗碟旁边必然会有筷子。这其实是一种关联销售策略，利用一方来带动另一方的销量。其实我们在设置小红书搜索关键词时，也可以采用这种策略，通过关联流量品牌来增加我们的笔记被搜索到的概率。

在小红书上，有很多品牌自身便带有很强的流量属性。

那我们来看一下放在小红书里面该怎么用?

对品牌在小红书的投放来说，纵向的关联，往往也会收获意想不到的流量，这里的侧重点主要是蹭流量。

比如，完美日记是当下比较火的品牌。如果我们做的是卸妆水，那我们就可以在笔记中讲，用完完美日记的产品，再用我们这款卸妆水会更加服帖。前提就是两者相加之后，的确效果会更好。

或者，测评卸妆水，把几款卸妆水放在一起，说完大众认可的品牌常见优点后，再展示我们的品牌产品优势。

例如，“××品牌的卸妆水适合天气热的时候用，而××品牌（我们的品牌）不仅适合夏天用，冬天也很适合，卸妆的清洁力很不错”。

整个测评下来都是肯定别的品牌的优点，最后画龙点睛地说我们所种草的品牌也不错。

你会发现，这类测评的共同点在于，当小红书用户搜索大品牌的时候，都会顺带了解我们的产品，甚至想尝试使用我们的产品。

这些手法都叫作蹭别人的流量，用户搜索雅诗兰黛也好，搜索完美日记也好，也能顺带搜到我们的产品，进而产生认知和认可。

总结一下，设置好关键词，捕获搜索流量时需要注意以下三点：

（1）细分领域关键词是为了一开始减少竞争，用攻克细分领域的手法抢占流量；

（2）场景化关键词是从生活需求的角度切入，只要生活场景会出现这个产品，都是我们软植入的重点；

（3）关联流量品牌关键词，主要目的是蹭流量，让用户在搜索大品牌时，也能注意到我们的品牌，进而有机会认可我们的品牌。

3.5　提升“四度”，获得算法青睐

小红书算法对什么样的内容情有独钟呢？通常而言，我们的笔记内容垂直度越高、健康度越高、活跃度越高、播放完成度越高，便越能受到算法的青睐。因此，想方设法提升笔记的这“四度”，是获得更多平台流量支持的捷径。

3.5.1 垂直度

所谓垂直度，是指小红书博主专注输出的笔记内容和最初选择的领域重合，即账号从始至终发布同一类型的内容。假如小红书博主今天发布的是搞笑段子，明天发布的是美食分享视频，后天又说起了健身塑形，这样的内容便没有任何垂直度可言。

比如，我们定位美食行业后，在小红书平台上发布的笔记内容都和美食相关，持续和用户分享美食探访、家常菜制作经验等，随着时间的推移，我们账号和笔记的垂直度便会越来越高，被算法优先推荐的概率就会变得越来越大。

那么小红书博主如何稳步提升内容的垂直度呢？在实际操作时，小红书博主可以结合自身实际，从两个方面入手，如表3-7所示。

表3-7 提升内容垂直度的方法

方法	内容	举例
账号中加垂直性词语	小红书博主可以在账号名称中添加一些垂直性词语，让用户看到后便知道你的侧重领域	老周家常菜、北京房姐、漫画你我他、保镖哥等
定位的领域持续输出干货	小红书博主需要在定位的领域持续地输出干货，打造专家形象，为用户带来利益	持续输出美妆技巧，让年轻女性掌握变美魔法

3.5.2 健康度

健康度是影响内容权重的又一重要因素：小红书博主发布的笔记的健康度越高，被推荐的力度就越大；反之，内容消极，平台便不会给予较大的流量，甚至连审核都可能通不过。

具体而言，小红书博主可以从三个方面提升内容的健康度，如图3-9所示。

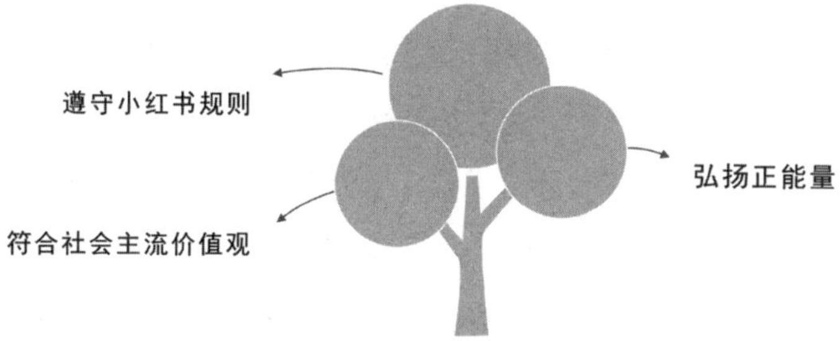

图 3-9　提升内容健康度的方法

3.5.3　活跃度

小红书笔记内容的活跃度，也会在一定程度上影响其所获流量池的大小。通常而言，内容活跃度高，用户参与积极性强，平台倾斜的资源就多，给予的流量支持就大。反之，内容活跃度低，用户参与积极性不高，平台给予内容的权重就很低，推荐力度就小。

那么小红书博主如何提升内容的活跃度呢？在实际操作时，小红书博主可以结合自身实际，灵活选择四种方法提升内容活跃度，如图3–10所示。

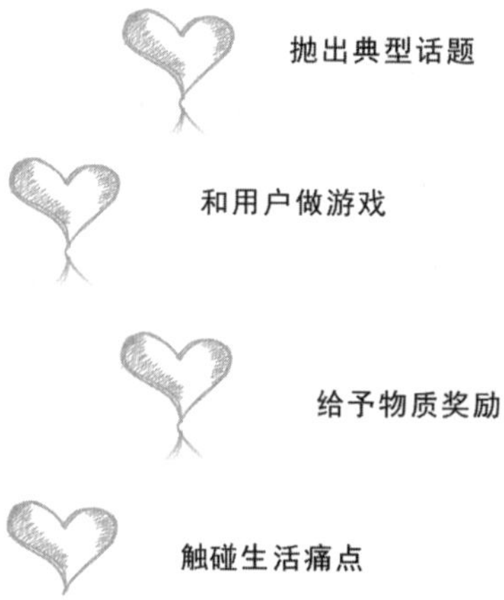

图 3–10　提升内容活跃度的方法

3.5.4 播放完成度

对于主打视频笔记的小红书博主而言，视频播放完成度是一个衡量笔记权重的重要指标。播放完成度是指完整看完视频用户数与点击观看视频总用户数的比值。通常而言，播放完成度越高，意味着视频对用户的吸引力越强，视频成为爆品的潜力就越大，小红书平台自然会给予更大权重和更多的资源倾斜。

小红书博主如何提升视频播放完成度呢？播放完成度低，意味着大多数用户看了一会儿便会离开，说明视频没有看点，缺少吸引力，留不住用户。因此，小红书博主需要有针对性地提升视频播放完成度。

（1）时长设置。如果小红书博主对自己的内容质量把握得不是很好，那就要尽量缩短视频的时长。因为时长短的视频相对于长视频更容易提升播放完成度。一般情况下，视频时长最好控制在1分钟之内。

（2）把握黄金6秒。决定视频之于用户吸引力的往往是开头的6秒——用户会做出是关掉视频还是继续观看的决定。如果想提升视频播放完成度，博主就要做到以下五点：

①把视频内核的主题内容表现出来，不要拖泥带水，要快速切入。

②搭配好音乐，在合乎视频主题的前提下，最好选择当下火爆的音乐。

③视频封面对吸引用户注意力非常关键，要突出视频主题。

④写好文案，好的标题或开头文案能吸引人继续看下去。

⑤内容高质，在这6秒的时间里就让用户看到视频的高质量。

第4章

从0到1打造爆款小红书笔记

笔记是小红书内容最重要的载体，是小红书博主能否快速吸粉引流的关键。因此，想要快速在小红书平台上做出知名度，小红书博主就必须对笔记选题、内容等进行深入的了解，掌握打造爆款小红书笔记的秘籍。如此，小红书笔记才能发布一篇火一篇。

4.1 容易爆火的四种笔记内容

在小红书平台上，并非所有类型的笔记发布后都会受到用户关注，都能在短时间内火起来。那么，什么样的小红书笔记更易“擦枪走火”呢？通常而言，涉及下列五类内容的小红书笔记更易受到用户关注。

4.1.1 购物分享

购物分享，是小红书笔记中容易火起来的类型，因为小红书本身便具有非常强烈的“带货”属性，青年男女在小红书平台上冲浪，寻找前沿的消费风向和他人的购物心得是主要目的之一。

因此，如果我们对购物有研究、有经验、有技巧，不妨在这一领域发力，持续输出购物分享笔记，火起来的概率便会大幅增加。

小红书博主“婷子家”，便非常善于通过分享自己的购物心得圈粉。她发布的购物分享笔记，往往具备两大特点：

（1）精准再现商品卖点。小红书博主“婷子家”在分享购物心得的笔记中，起初会将所分享商品的卖点说出来。所谓卖点，是指商品最显著的功能，能够为用户带来的好处，“婷子家”认为，只有卖点突出的商品分享笔记，才能在第一时间抓住用户眼球。比如，在分享自己所购买的口红时，“婷子家”便放大该款口红的卖点，即“保湿锁水”，能够让你的双唇在冬天依旧温润鲜艳——这种卖点正是青年男女所喜欢的、需要的。

（2）真人试用、试穿、试戴。“婷子家”深知用户坚信“眼见为实”，因此在强化商品卖点的同时，也非常重视真人试用、试穿、试戴，通过试用商品前后的明显变化，让用户做出“这个商品值得关注和购买”的决定。比如，在一篇分享“马尾假发”购买心得的笔记中，“婷子家”找了一位小姐姐现场试戴，因为试戴前和试戴后的变化非常明显，所以这篇笔记发布后吸引了众多青年男女的关注，被点赞1.1万次，收藏1650次，如图4-1所示。

图 4-1 “婷子家”发布的购物分享笔记

通常，购物分享笔记做好三点，火起来是非常容易的，如表4-1所示。

表4-1 购物分享笔记的爆火方法

方法	解读	举例
强化卖点	开始便说清所分享商品的卖点是什么，能够给大家的生活或工作带来何种改变，用户关注的兴趣才会变强	假发帽，戴上之后不仅提高颜值，还能让你年轻5岁
视觉对比	通过直观形象的视觉对比，强化商品使用后带来的某种变化，让用户得出“商品值得购买”的结论	粉底喷水前和喷水后对比，突出粉底的防水性
放大预期	构建用户使用商品后的某种美好场景，放大用户的商品使用预期，刺激他们点赞或收藏笔记	有了空气炸锅，厨房小白瞬间变身厨神

4.1.2 避坑指南

心理学上有种“损失规避心理”，是指同一样东西，人们失去它时的痛苦会远远大于获得它时的快乐。简单地说，人人都存在损失规避的心理，希望自己能够“未卜先知”，跳过生活和工作中的各种大“坑”。这就使得小红书上的各种避坑指南类笔记有了人气基础，只要选题得当，表现形式合理，内容真实实用，相对于其他类型的笔记，火起来的概率会更大。

小红书博主“小仙女汁”便因为一篇避坑笔记吸引了较多用户的认可和关注——这篇养生避坑笔记发布1周内，被用户点赞6.3万次，收藏3.2万次，如图4-2所示。

图4-2 “小仙女汁”发布的人气避坑笔记

小红书博主“小仙女汁”的避坑笔记之所以能火起来，主要是做到了以下三点：

（1）赋予了标题“看了你便能及时止损”的属性。“养生避坑指南，全做错了姐妹”虽然只有12个字，但“全做错了”却营造出了一种“你正在因为做错而时时刻刻损失健康”的紧迫感，“养生避坑”则抛给了用户一根救命稻草，让用户觉得“只要看完笔记便能及时止损”。如此一来，用户往往会在看到第一眼时便想点击这篇笔记。

（2）通过鲜明的对比调动用户的参与热情。在这篇笔记中，“小仙女汁”采用了两两对比的表现形式，诸如“饭菜放冰箱里是趁热还是放凉之后”“害怕长蛀牙，吃完饭后应该立即刷牙还是等会刷牙”之类，这种对比式表现形式，一方面，有竞猜的属性，能够大大调动起用户的好奇心；另一方面，也能更直观地向用户展示“坑在哪里”。

（3）颠覆性结论彰显笔记价值。“小仙女汁”发布的这篇养生避坑笔记，所挑选的坑都是用户已经掉入却不知甚至认为“超级正确的”。比如，便秘时很多人习惯性地吃大量的香蕉，认为香蕉可以“润肠”，有助于排便，但是“小仙女汁”却告诉大家，便秘吃香蕉是错误的，因为便秘主要由膳食纤维或水分摄入不足导致，香蕉所含膳食纤维并不高，且含有大量的鞣酸，会抑制肠胃蠕动——这种结论是不是非常具有颠覆性?

通常而言，采用三种方法，避坑指南类笔记会“火上加火”，如表4-2所示。

表4-2　避坑指南类笔记爆火的方法

方法	分析	举例
放大坑的危害性	有损失才能刺激用户的止损心理，在第一时间吸引用户关注	化妆三个坑，几乎每个人都在踩，完全是在毁容
强化坑的隐蔽性	所要规避的坑，隐蔽性越强，和用户认知反差越大，越容易被用户关注	吃辣椒还是喝牛奶更容易爆痘？九成的姐妹都踩了坑

（续表）

方法	分析	举例
满足用户止损预期	如何才能巧妙地避开坑？谁满足用户预期，谁的笔记便会被用户关注	租房避坑，一句话就够了：签合同前，要检查屋里面的所有设备

4.1.3　实用技巧

在小红书平台上，除了购物分享和避坑指南类笔记容易火之外，还有一类内容的笔记也很容易被用户关注、收藏和分享，那就是实用技巧类干货。不管在生活还是工作中，人们遇到问题时，都希望能够找到一个简单又有效的解决方案，因此当我们的笔记可以满足用户这一需求时，想不火都难。

小红书博主“李小只爱生活”发布的笔记专注于分享各种生活小技巧，希望用户通过运用这些小技巧，快速地解决问题，让生活变得更加美好。因为方法简单，易操作性强，因此“李小只爱生活”的笔记几乎每篇都会受到用户“追捧”。

比如，其发布的一篇名为《不认识的字怎么打出来？知道了这些打字小技巧，你就厉害咯》的笔记，便分享了快速将不认识的字打出来的两种方法：

第一种：U+字的各个部分的读音。以“奆”为例，很多用户不认识这个字，在输入时，先按一下键盘上的“U”键，然后输入“daju”，便可快速打出这个字，如图4–3所示。

图 4–3　“李小只爱生活”分享的打字技巧

第二种：V+数字模式。在这种模式下，我们可以快速打出各个阿拉伯数字对应的大写汉字。比如，我们要开一张1345687元的发票，在打字时，先按一下键盘“V”，然后直接按出“1345687”这一串数字，便可看到它对应的大写汉字“壹佰叁拾肆万伍仟陆佰捌拾柒”。

是不是非常简单、实用？是不是能够解决我们在打字时经常遇到的问题？

在实际操作时，实用技巧类的小红书笔记，想要发布便立刻爆火，可以根据自身实际，灵活选择三种方式发力，如表4-3所示。

表4-3　实用技巧小红书类笔记爆火的方式

方式	分析	举例
经验分享	这种方式以分享解决某种问题的经验为主，以“过来人”的视角，分享“如何既快又好地解决问题”	回家坐高铁却没有二等座的票，我中途换车厢，省下了400元
方法展示	和大家分享自己是如何快速解决某个问题的，采用了什么巧妙的方法，列出一二三，便于大家记忆	如何快速说服别人？一举例，二别人背书，三转换立场
技巧呈现	如何走捷径，快速地解决某个问题，或者用最小的成本实现最大的产出，这种技巧对用户吸引力很大	比如，无话可说？只要将对方的话具体化即可，对方说“这部电影真好看”，你可以问“你觉得最打动你的地方在哪里”

4.1.4　人间真实

一方面，在这个充满竞争的社会，冷漠时常浮现，有时候还需要尔虞我诈，真实的人和事情变得越来越难得，越来越稀缺；另一方面，人人都有好奇心和窥探欲，普遍渴望了解别人的生活和工作状态。因此，人们对真实，具备一种强烈的向往之情，特别是青年男女，他们更渴望了解真实的人和事。

简言之，展现人间真实的小红书笔记，很容易吸引用户眼球，成为大家关注的焦点。

小红书博主“成为一只鱼”的笔记便喜欢聚焦人间真实——真实的你我他，真实的生活，真实的工作——因为净说“大实话”，句句让用户“深以为然”，所以其发布的笔记几乎每篇都是人气王。

比如，“成为一只鱼”发布的一篇名为《当代女生几大狠人》的笔记，便真实地再现了女生中的一类特殊群体：

拒绝零食、甜品

自拍只用原相机

天天洗头

上厕所不带手机

减肥中，即使有人请客也不去

……

由于这篇笔记内容过于真实，发布后对小红书平台上的年轻女性用户产生了巨大的吸引力，大家把上面的内容一条条地和自己的生活进行对照，看自己是否也在“狠人”行列。于是，这篇名为《当代女生几大狠人》的笔记人气暴涨，两天内便收获了惊人的5.3万个赞，被收藏数达到了9642次，如图4-4所示。

图 4-4 “成为一只鱼”发布的人气笔记

那么，如何展现人间真实，才能在第一时间抓住用户的眼球呢？

在策划小红书笔记时，我们可以结合自身实际，从四个方面入手，如表4-4所示。

表4-4　展现人间真实的方法

方法	分析	举例
分享日常生活	通过分享日常生活中的点点滴滴，再现真实的“我”或其他人，吸引用户关注	1998年女生独居，一线城市月入3万元打工人日常
聚焦平凡人物	这个世界上，各行各业的人都有自己的故事。当我们聚焦这些人时，笔记便具备了真实属性	农村大集，偶遇一位84岁卖菜大爷，脸上写满了故事
放大某种现象	通过放大生活中人们比较熟悉的现象，引导用户拍手称快，继而体验到浓浓的真实感	老板阻止用户扫柜台上的收款码付款，暗示顾客扫手腕上的码
解读生活真理	通过记录或再现某种生活现象，揭示这种生活现象背后隐藏的真理，引导用户思考	顶嘴？只要没有利益冲突，别人讲的话并不需要反驳

4.1.5　娱乐至上

在这个娱乐至上的年代，幽默、搞笑、快乐是年轻人普遍关注的元素，是他们精神世界中不可或缺的风景。因此，谁善于在小红书平台上制造快乐，在笔记中输出笑点，谁便能快速崛起，成为青年男女眼中的“网红”。

小红书博主“我是李飞”发布的笔记，因为选题新颖、笑点爆棚，所以非常受年轻用户的喜欢，几乎成了他们学习工作之余最好的“减压器”。

比如，“我是李飞”发布的一篇名为《不同大学生听到解封》的笔记，通过对比四类大学生听到解封后的第一反应，打造出了强烈的笑点：

正常大学生：啊？解封了？我要出去逛街，我要尽情蹦迪。

学霸大学生：（努力学习中）解封了？跟我有啥关系啊？我正在备战考研呢！

离谱大学生：解封了？那挺好，以后可以走正门了。

牛马大学生：（熟睡中被解封欢呼声惊醒）啊？什么时间封校的？

通过“现实+艺术放大+强烈对比”，小红书博主“我是李飞”发布的这篇笔记可谓笑点不断，满篇都是“哈哈哈”。因此，这篇笔记发布后便火了起来，3天内便收获了惊人的31万个点赞，被收藏2.7万次，如图4-5所示。

图 4-5　“我是李飞”发布的人气笔记

可见，只要娱乐力够强，笔记火起来非常容易。那么，在实际操作时，如何才能让笔记娱乐力爆棚呢？答案很简单，只要我们掌握三个方法即可，如表4–5所示。

表4–5 小红书笔记娱乐力爆棚的方法

方法	解读	举例
选题突破法	通过搞笑力十足的选题，为小红书笔记注入超强的娱乐属性，吸引年轻用户关注	大学生恋爱期间的七个“社死”瞬间，看看你经历过几个
角色演绎法	通过对人物角色语言、动作、性格的挖掘或创造，为笔记注入快乐属性	一人扮演两个甚至多个角色，且演什么像什么
剧情反转法	前期铺垫某一剧情，但结局却出人意料，继而打造出强烈的笑点	店主背着媳妇用自己的码收款，被收走后，撸起袖子，胳膊上竟然还藏着一个

4.2 人气小红书笔记标配“三件套”

小红书平台上的笔记千千万万，想要在激烈的竞争中脱颖而出，让用户对我们“一见钟情”就显得尤为重要了。如何才能让用户看一眼就关注甚至喜欢上我们的笔记呢？这就需要我们为笔记配齐三件套——好标题、好封面、好内容。

4.2.1 看一眼就心痒难耐的标题

小红书笔记能不能入用户“法眼”，标题是一个特别重要的因素——好的标题，能让用户扫一眼就心痒难耐，看一眼就产生强烈的探究欲望；反之，平庸的标题，便如同丢进大海的细沙，不会在用户的心海中激起丝毫波澜。因此，想要让笔记在小红书平台上火起来，我们首先要在标题上下功夫。

小红书博主“郑州宋画宁”发布的一篇视频笔记，便因为出彩的标题而爆火。“郑州宋画宁”发布的这篇视频笔记的标题为《妈妈出产房都在笑，只有6岁的女儿在哭，她只知道心疼妈妈》——大家都在笑，女儿却在哭，小红书博主“郑州宋画宁”的这篇笔记，巧妙地运用了对比手法，将女儿对妈妈真挚的爱淋漓尽致地表现了出来，第一时间触达了用户心底的那根弦，因此，这篇笔记发布1周内获赞32万，如图4-6所示。

图 4-6 “郑州宋画宁”发布的人气笔记

那么，什么样的标题才能在第一时间抓住用户的眼球呢？通常而言，五种类型的标题往往更吸引人，如表4-6所示。

表4-6 吸睛标题的类型

类型	分析	举例
对比式标题	对比式标题是通过今夕、成败、价值高低等的对比营造出强烈的反差效果，放大某个细节，强化某种情绪，以此吸引用户关注	当年天天想吃肉，如今顿顿想吃草；同样的年龄，你在大学读书，我却在工地打工

（续表）

类型	分析	举例
方法式标题	以解决问题的方法吸引用户关注的标题，主要通过提炼正文所阐述的方法和技巧，以实用价值和解决方案为卖点，刺激用户点击阅读正文	距离下班还剩半个小时，老板却让我创建几百个超链接跳转，我只用十分钟，绝不加班
问题式标题	以问题为鱼钩，答案为鱼饵，垂钓用户的阅读欲望。人人都有好奇心，当用户发现一个有趣、有味、有用的问题时，他们探索笔记的欲望便被点燃	美妆半小时，东施真能变西施？您还别不信，掌握了这三点，绝对有可能
借势式标题	借助名人、名企、名作等权威的影响力提升笔记的吸睛力，毕竟名人、名企、名作等拥有较强的权威性，自带被关注属性，将它们融入笔记标题中，可对用户产生强大的吸引力	不是王羲之，也非王献之，12岁女孩挥毫成字、泼墨成画，原来这个世界上真的有神童
数字式标题	具体的数字能够将抽象化为具体，能够营造某种场景或强化某种情绪，继而制造出强烈的视觉或情绪效果，刺激用户更深入地了解笔记	第一次工地搬砖，太累了，一口气吃了4个大馒头，啃了2个鸡腿、3个鸭头

4.2.2 扫一眼就想点击的封面

颜值时代，人长得漂亮或生得英俊，便更受人瞩目。同样的道理，小红书平台上，笔记的封面越亮丽，便越能吸引人，在第一时间抓住用户的眼球，继而刺激他们点击阅读或者观看。

可以说，小红书笔记的十分人气里，六成在封面。因此，在发布笔记前，我们要慎重设计封面，打造吸引用户目光的“视觉黑洞”。

小红书博主“王蓝莓”所发布的笔记，便因为设计精美，卖点突出，成了笔记主要的吸睛点——很多小红书用户往往在看到封面第一眼时便被其深深地吸引，继而迫不及待地点击、阅读或观看详细内容。

比如其发布的一篇名为《教你怎么吃席，学会了没？》的笔记，封面便呈现出了两个特点：

（1）中心明确。大大的“吃席”二字占据一半的封面，直观形象地告诉用户该篇笔记所描述的主要内容——这篇笔记中，你将看到的是交了份子钱去吃席的情景。这样，自然会在第一时间抓住那些对吃席文化感兴趣用户的眼球。

（2）采用漫画形式设计的人物自带喜感，引爆用户一窥究竟的好奇心。为了让用户看一眼便会吸引住，“王蓝莓”别出心裁地采用了漫画形式设计封面人物，她们分别是站着争抢饮料的中年大妈、坐着疯狂打包饭菜的婆婆——冷漠的神态、张扬的动作，营造出了一种浓厚的趣味性。

因为这篇笔记封面主题突出，卖点鲜明，再加上内容贴近现实生活，语言风趣幽默，所以发布后便吸引了众多用户的关注，3天内收获了33万个赞，被收藏了4.7万次，如图4-7所示。

图 4-7 《教你怎么吃席，学会了没？》的笔记封面

那么吸睛封面设计方法一般有哪些呢？如表4-7所示。

表4-7　吸睛封面设计方法

方法	分析	举例
唯美法	采用超级精致、唯美的图片作为小红书笔记的封面，以艺术、气质等元素吸引用户点击	想分享一道家常菜的做法，用色香味俱全的成品作为封面
卖点放大法	将笔记的卖点放大，直观形象地呈现于封面上，以此激发用户的好奇心，吸引他们点击	将恋爱以综艺访谈形式呈现，封面强化“爱人心计”四个字
夸张法	采用夸张的形式设计小红书笔记的封面，营造幽默、风趣、爆笑等场景	将某种爆笑元素或场景，采用夸张的手法呈现于封面上

4.2.3　品起来有味道的正文

小红书笔记，不管是文字、图片还是视频，读起来或者看起来，都需要有味道、有特色，用户点击后，才会产生更强烈的探究欲望。就好比一盘菜，酸甜可口，人们才有食欲，否则便会被嫌弃，唯恐避之不及。

小红书博主“祝晓晗”专注于幽默内容输出，其发布的笔记，并非为了搞笑而搞笑，而是添加了诸多“油盐酱醋”，让用户体验到浓厚的快乐因子。

比如其发布的一篇名为《大家不都这样做吗？》的笔记，正文品起来便有滋有味：通过四种有趣的整蛊场景，继而打造出一种不走寻常路的超级爆笑感。

第一种场景：面馆没位置，捧着碗紧挨着别人等位。被等位的少年看了好尴尬，立即端着碗站起来，和对面的朋友坐在了一起——这下终于可以坐下快乐地吃面了。

第二种场景：排队时，反着站。抬头，挺胸，双手抱胸，和后面的人大眼瞪小眼，“我”一点也不尴尬，但对面的人却尴尬得后退了三大步。

第三种场景：和陌生人并排走。和不认识的人并排走在一起，她慢

“我”也慢，她快“我”也快，不知道大家体验过没有，反正“我”是体验了无数次。

第四种场景：地铁上，有空位不坐，非站在你身前。最终，坐着的人尴尬到脚趾抠地，起身坐到了别处。

因为这篇笔记思路清奇，超级有味道，所以发布后便受到了用户的追捧——2天内，便收到了6.3万个赞，被收藏了9360次，如图4-8所示。

可见，正文有味道，酸甜苦辣咸，用户才会慷慨地将自己的时间存储在我们的笔记之中。那么，如何才能让笔记变得有味道呢？通常而言，我们掌握三个方法即可，如表4-8所示。

图 4-8 “祝晓晗”发布的人气笔记

表4-8 笔记增味方法

方法	解读	举例
开篇设悬念	开篇前三秒，是能够留住用户的关键期，要利用悬念，将用户的目光牢牢绑定于笔记	淡妆美还是浓妆更吸引心上人？5秒后，答案就会出现

（续表）

方法	解读	举例
中间列要点	笔记的正文，要针对主题列出要点，用户才能迅速找到自己想要的，持续关注笔记	反复长痘，不妨多吃3种食物：西红柿、紫薯、梨
末尾反转	末尾并不等于平淡，一篇“聪明笔记”，善于在结尾设计反转情节或者升华桥段，以期在用户心中留下更加深刻的印象	人丑，处处被嘲笑，笔记结尾时，悟了：宁可丑得各有千秋，也不美得千篇一律

4.3 笔记火不火，关键看选题

选题就好比小红书笔记的灵魂，灵魂越有趣，对用户的吸引力自然就越大，笔记自然便更容易出圈。因此，想要让发布在小红书平台上的笔记大火特火，一个最主要的前提就是要策划好选题。

4.3.1 年轻女性关注什么就选什么

对于商家而言，顾客就是上帝，顾客喜欢什么，他们就需要提供什么。同样的道理，对于小红书博主而言，用户也是上帝，他们喜欢什么样的主题，小红书博主就需要策划和输出什么样的主题，如此，笔记火起来的概率才会更高。

年轻女性是小红书平台的主流用户群体，因此，她们的需求和喜好，会直接决定我们笔记的受欢迎程度。智慧的小红书博主会在策划笔记选题时，向年轻女性靠拢，寻找较容易的引爆点。

小红书博主“七颗猩猩”发布的笔记，选题便非常有女人缘——家长里短、大学生恋爱、人情世故、八卦故事等，年轻女性喜欢什么，她便真实地呈现什么。因为贴合生活，话题性强，再加上“七颗猩猩”满满的表演力，所以其笔记深得用户喜爱，几乎每篇都人气爆棚。

比如其发布的一篇名为《与其精神内耗自己，不如外耗别人》的笔记，选题便聚焦了广受大学女性关注的“如何应对无素质舍友”。在这篇笔记中，“七颗猩猩”用犀利的语言回怼了总是偷用舍友洗发水的“小偷”，硬杠了半夜打游戏疯狂尖叫的“夜猫子”，教训了在公共洗衣机里洗鞋、洗内裤的“懒女”。犀利的语言配上惟妙惟肖的表情和动作，让用户不由自主地沉浸其中，使得这篇笔记发布之后便火了起来——2天的时间，便收获10万个赞，被收藏8600次，如图4-9所示。

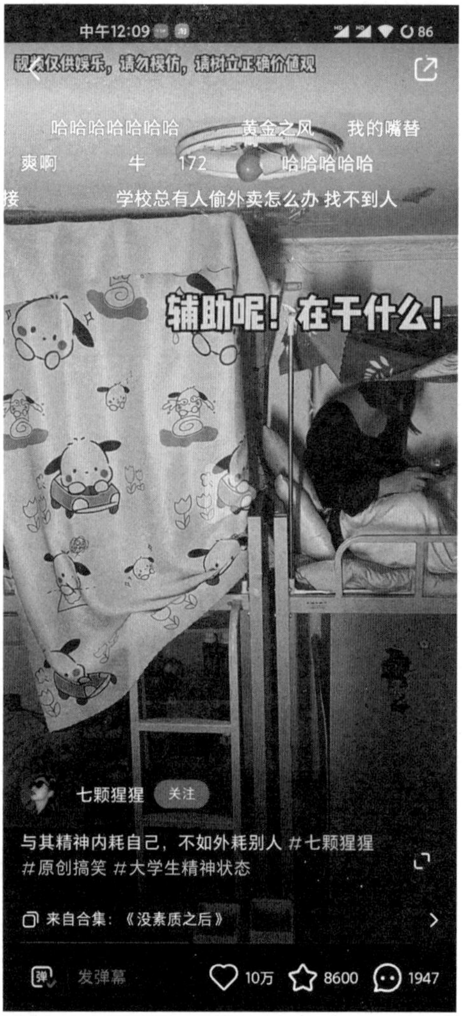

图 4-9　“七颗猩猩”发布的人气笔记

可见，当我们的笔记迎合了年轻女性的喜好后，其在小红书平台上火起来的概率会变得更高。那么，年轻女性通常会关注什么呢？我们可以结合自身擅长的领域，灵活地从五个方向策划选题，最大限度地贴近她们的生活，迎合她们的喜好，如表4-9所示。

表4-9 迎合年轻女性的选题方向

选题方向	分析	举例
如何变美	年轻女性对如何变美的话题关注度永远不会降低，因为女性想的从来都是“没有最美，只有更美”	3招教你如何遮瑕，不看等于和美丽有大仇
吃喝玩乐	年轻女性往往喜好吃喝玩乐，因此，和吃喝玩乐相关的主题，受到她们关注的概率会更大	多少次早起为了这一口，椰香燕麦糕，好吃不腻又美颜塑身
矛盾与斗争	俗话说“三个女人一台戏”，年轻女性对矛盾与斗争比较敏感，对相关主题的笔记也比较关注	宿舍生存法则，这4件事情我劝你永远不要做
恋爱相关	在年轻女性眼中，爱情是甜蜜的，是令人向往的，因此，和爱情相关的话题很容易吸引她们	人性拿捏住，就没有我们谈不好的恋爱
学习相关	年轻女性除了吃喝玩乐之外，还非常重视学习，因此，与学习相关的话题也是她们关注的焦点	1年拿下15所名校，用对学习方法人生开挂

4.3.2 价值触点抓人心

正所谓“天下熙熙，皆为利来”，很多时候，人们的行为都带有逐利性，哪里有利益，便会关注哪里，趋向哪里。因此，想要成为小红书平台上人见人爱的网红，持续输出人气笔记，其中一个好办法便是为笔记打造好价值触点，让用户感觉你的笔记有用、有料。

小红书博主“双双说”发布的笔记，每篇中都包含着一个甚至多个价值触点，能够让用户看到第一眼时便想继续看下去，因此“双双说”人气高涨，成为用户眼中的“价值宝藏”，成了其他小红书博主眼红的“人气榜样”。

比如其发布的一篇名为《让你失去魅力的行为》的小红书笔记，便通过生活中常见的四种让人失去魅力的行为——喜欢解释、没有主见、管不住嘴、自卑，打造了一正一反两大价值触点。

正面价值触点：这篇笔记能够让你避坑，快速提升自身魅力。用户会出于提升自身魅力的目的，从头到尾看一遍——不管是社交牛人还是人际关系困难户，谁不想获得“人见人爱、花见花开”的人格魅力呢？

反面价值触点：这篇笔记是一面镜子，你每踩一个坑，魅力便会降低几分。出于规避损失的心理，用户会点击查看，将笔记中降低魅力的四种行为和自身的日常行为进行对照，中招者会恍然大悟——原来之前我魅力不足，是因为踩了坑。

因为这篇笔记价值触点设置灵敏，精准地触及了用户的提升自我和规避损失心理，因此获得了巨大成功——发布后24小时内便被点赞9万次，被收藏3.6万次，如图4-10所示。

可见，巧妙、吸引力大的价值触点，是小红书笔记火起来的重要推手。那么我们在设置笔记价值触点时，应当如何做呢？在实际操作时，我们可以结合自身实际，灵活选择四种价值触点构建法，如表4-10所示。

图 4-10　小红书“双双说”发布的人气笔记

表4-10　小红书笔记价值触点构建法

构建方法	分析	举例
利益输送法	告诉用户，他们能够通过我们的笔记收获何种利益，刺激用户阅读或观看笔记	有“心计”的人多厉害？不做老好人，有“心计”能更好地保护自己
避坑止损法	声明用户通过笔记可以了解生活和工作中的某些陷阱，帮助他们及时止损	3种你认为正确的养生行为，其实都是坑，赶快上岸止损
能力提升法	帮助用户提升或强化某一方面的能力，让他们变得更好、更有发展潜力	表格的5大应用技巧，学会了，你的工作秒变轻松
快乐分享法	言明用户在笔记中能够收获快乐，吸引用户点击和分享笔记	4种快乐心情暗示法，学会了，每天都能嘻嘻哈哈

4.3.3　贴合热点才有人气

小红书笔记要想红红火火，除了“打铁还需自身硬”做内容之外，还要善于借力——贴合热点，借助大家都关注的事件或人物，提升笔记的受关注程度。简单地说，小红书笔记要学会搭热点的便车。

小红书博主“人性之干货”发布的笔记，大多聚焦于人性探索。但是其笔记内容又非单纯地为了研究而研究，而是巧妙地将人性和当前社会热点、目标人群关注的话题、生活和工作焦点等社会关注度高的现象联系在一起，用寥寥几句话，便营造出强烈的参与感和现场感。

比如，“人性之干货”发布的《人间清醒之语录（72）》，仅仅用了一句话“任何人第一次欺负你，本质上，都是在试探你的底线”，便巧妙地将人性和2022年广受关注的校园霸凌现象结合在了一起，继而获得了目标用户的关注——这篇笔记发布后3小时内，便被点赞5.1万次，被收藏2.3万次，如图4-11所示。

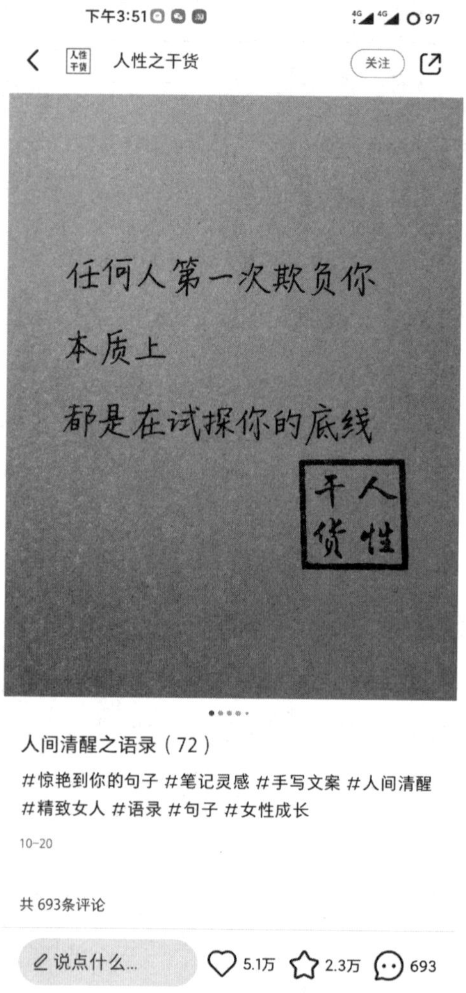

图 4-11 “人性之干货”发布的人气笔记

可见，贴合热点的小红书笔记，往往能够得到用户更多的关注。因此，在策划笔记时，我们可适时借助热点，强化笔记的人气聚集力。通常，我们可以将笔记内容和三种热点结合，如表4-11所示。

表4-11 可用的热点类型

热点类型	分析	举例
社会热点	社会上出现的受关注程度较高的热点事件或人物，往往自带热度和人气	卡塔尔世界杯、校园霸凌、俄乌战争、抗疫20条
行业热点	某个行业内往往存在一些长期被关注的人物或事件，笔记内容不妨向其靠近	变年轻是美妆行业的永久热点，围绕其输出干货更易火
生活热点	生活中存在很多经久不衰的热点，可以将内容和这些热点结合，吸引用户关注	爸爸是如何不靠谱？爸爸猛骑自行车，萌娃犹如坐过山车

4.4 高点赞笔记“三极”法则

不管做什么事情，一旦和“极致”沾边，便会崭露头角，从普通走向知名，甚至伟大。小红书笔记也是如此，只有添加“极致”佐料，才能摆脱“寡淡”“平凡”等标签，输出让用户尖叫的小红书笔记。

4.4.1 极强的实用性

相对于抖音、快手、微信视频号等平台，小红书最显著的一个特点便是实用性强——用户总能从小红书上找到自己想要的东西，继而让自己变得更好、更强大，让生活变得更美好，让工作变得更轻松。因此，小红书上的人气笔记，被收藏的数量往往很高，有时甚至会超过点赞数量。

这就意味着，笔记实用性越强，火起来的可能性越大。

小红书美食博主“丸子吃不胖吖”，便因为其笔记实用性极强，被用户封为“宝藏博主”。比如，在一篇介绍葱油鸡做法的笔记中，“丸子吃不胖吖”采用分图的形式，将葱油鸡做法的每个步骤，直观形象地展示在了用户眼前——相对于抽象的文字，形象的图片+准确的文字描述，实用性更强，更易让用户“一看就明白，一做就出师”。因此，这篇笔记收藏量达到了惊人的7.3万次（截至2023年1月），成了真正的美食宝典，如图4-12所示。

那么，在具体操作时，如何才能让笔记的实用性爆棚呢？主要有三种方法，如表4-12所示。

图 4-12　“丸子吃不胖吖”发布的人气笔记

表4-12 提升笔记实用性的方法

方法	解读	举例
干货分享	实用性的首要体现就是干货，展示、分享的内容，必须能帮助用户变得更好或者解决某些问题	5分钟记200字，思维导图+图像记忆+费曼学习法
要点提炼	实用性的一个主要表现为简单易操作，要想听了就能记住，做了就能成功，就需要我们提炼出要点	最易成功的副业：卖花、帮P图、上门照顾宠物
探奇解惑	通过亲自探索，为用户解惑，提供解决某个问题的实用方案，让用户获得直观的经验	网红带货真的最便宜？其实都比不过天猫最低价

4.4.2 极新的呈现力

相同的内容，采用不同的表现方式，小红书笔记给予用户的感受也是不同的，甚至会出现一个天上一个地下的极端差异。比如，同样是做家常炒茄子，你用文字罗列烹饪步骤，而别人却用小图配文字的方式进行讲解，谁对用户的吸引力更大?

因此，想要用户疯狂为你点赞，笔记在呈现形式上就必须做到极新——不走寻常路，用户才会被我们吸引，才会关注我们，记住我们。

不同于其他博主酷爱真人出镜，小红书博主“匡北北”喜欢用动漫人物代替自己讲述某个故事或者某种哲理。她认为，相较于千篇一律的真人出镜，小红书平台上的年轻人更喜欢动漫这种新颖的内容呈现形式。事实也是如此，“匡北北”的笔记在“高关注选题+优质内容+新颖表现形式”的加持下，深得年轻人的喜爱。

比如“匡北北”发布的一篇名为《女生一辈子不结婚会更幸福吗？》的笔记，便采用了动漫形式，讲述了女性在不同年龄段对爱情和婚姻的理解。因为话题感强，动漫人物惟妙惟肖，情感力爆棚，因此这篇笔记发布后24小时内便收获了14万个赞，被收藏3.6万次，如图4-13所示。

图 4-13 “匡北北”发布的人气笔记

那么，如何在内容的表现形式上推陈出新呢？在策划笔记时，我们可以结合自身实际，从三个类型入手，如表4-13所示。

表4-13 新颖表现方式的类型

类型	分析	举例
动漫化	将所要呈现的内容通过动漫人物表现出来，以动漫这种年轻人喜欢的方式为笔记聚集人气	“我”的动漫形象是社交牛人，见到谁都会打招呼
神秘化	以区别于常规的方式呈现笔记内容，营造浓厚的神秘感，吸引用户关注、点赞、收藏和转发	其他博主在跳舞时盛装出镜，你却以背影示人
脑洞化	以脑洞大开的方式来承载笔记所要传递的内容，营造某种极致的情绪化场景	当恋爱变成了综艺访谈，我在你心里还等于你在我心里吗

4.4.3 极致的情感力

人和动物的最大区别是，人对情感有更深的体会，会基于情感说话和做事。因此，当我们的笔记具备极致情感力时，便会拨动用户的心弦，引发他们某种情感上的强烈共鸣，继而促成他们关注、点赞、收藏和转发等一系列行为。

小红书博主“情感深处”，便很善于赋予笔记极致的情感力。其发布的笔记，或关注人生，或探究爱情、友情和亲情，所说的话都“掏心窝子”。因此，往往能击中用户的泪点和笑点，为大家带来难忘的情感体验。

比如，“情感深处”发布一篇名为《你能撑到第几句》的笔记，便用几句话概括出了人生的几个失落瞬间：

我开不开心重要吗，谁会在意啊?

你每天这么演，累不累!

为什么别人都能扛过去的坏情绪，我却输给它?

你可不可以就当放我一条生路啊?

你去你该去的地方，我过我该过的日子!

早知道后劲那么大，不分手就好了!

既然我们会在同一刻死去，那就让我一直爱你！

由于具备很强的场景感和情感力，字字有感，句句有情，截至2023年1月，这篇笔记被用户点赞4.9万次，被收藏1.9万次，如图4-14所示。

图 4-14　“情感深处”发布的人气笔记

那么，小红书笔记如何才能具备强烈的情感力呢？通常，在策划时，我们可以结合选题和内容，灵活选择四种方法，如表4-14所示。

表4-14 小红书笔记极致情感力注入的方法

方法	分析	举例
真实再现法	真实最动人，不矫揉、不造作，再现普通人的悲欢离合，往往能带来极致的情感力	一对灵活就业的夫妻，有三个孩子在上学，却依然乐观地生活
细节渲染法	通过渲染某一细节，最大限度地放大某种情绪，继而营造一种极致的情感，触动用户	大爷已经73岁了，依然佝偻着身体坚持在工地打工
极端对比法	通过一种情况和另一种情况的极端对比，打造情感引爆点，触动用户的情绪，引发他们共鸣	极端崇尚自由的“我”和极为严苛的妈妈，两句话便能顶起来
情绪带动法	通过一件件事情，一层层地堆积某种情感，最后推动其“由量变到质变”	失业了，半个月没吃肉，一个月没沾酒，一个字——“惨”

4.5 “三把火”定律送笔记上热搜

小红书笔记想要火起来，上热搜、登头条是前提，如此，才能获得足够的曝光度，吸引尽可能多的用户“三连击”。但是在很多小红书博主眼中，笔记要想上热搜、登头条，是一件比较困难的事情——毕竟小红书平台上的创作者千千万万，竞争异常激烈。其实，只要小红书博主掌握了“三把火”定律，小红书笔记火起来，并不是一件困难的事。

4.5.1 前三秒烧一把“勾魂火”

我们走在大街上，假如身上没有特别的吸睛点，迎面而来的陌生人的目光自然不会在我们身上多停留哪怕一秒。小红书笔记想要上热搜，便需要避免这种现象，不能让用户看一眼就挪开目光。

那么，如何才能让用户在与我们的小红书笔记“目光对视”后便不忍移开呢？这就需要我们尽可能地将笔记精华浓缩于前三秒。

小红书博主“我是不白吃”发表的一篇笔记，便因为在前三秒烧了一把“勾魂火”而获得了巨大的成功。在这篇研究中日韩筷子差异的笔记中，“我是不白吃”在视频开始便说道：“你有没有想过，为什么都是用筷子，韩国的筷子变成了金属的，日本筷子则是尖头的？”短短一句话，便将这篇笔记的价值呈现在了用户眼前：告诉用户这篇笔记研究的是“中日韩筷子文化”。

开篇点题，可以在第一时间吸引目标用户的关注，引发他们的好奇心，继而让他们花费更多时间了解笔记内容。

明确中日韩筷子的区别，为引爆奠定基础。都是使用筷子的国家，为什么韩国的筷子是金属的，而日本的筷子是尖头的呢？在开始三秒内便明确了中日韩三国筷子的区别，制造了悬念，为后面引爆气氛奠定了基础。

正是基于这种“快热”的设计，让用户看一眼便爱上了——此笔记发布后5小时内，便获得了1.9万个赞，被收藏3714次，如图4-15所示。

图 4-15 “我是不白吃”发布的人气笔记

那么，如何才能在用户点击阅

读或观看笔记的前三秒内，激发他们继续阅读或观看下去的兴趣呢？其实方法很简单，只要我们做到三点，便可留住用户，方法如表4-15所示。

表4-15　激发用户继续阅读或观看笔记兴趣的方法

方法	分析	举例
标签法	起初就给自己贴标签，第一时间阐明自己的价值，让用户明白他们会“看有所得”	我是素描专家，关注我，你也能几笔勾勒出所爱的人
奖励法	告诉用户，阅读或观看这篇笔记，他们能够在物质或情感上获得什么好处	人要成功便离不开社交，学会五条职场人际关系定律，成功触手可及
浓缩法	将笔记的要点浓缩为一句话或一个片段，放在开头，第一时间吸引用户	花300元批发了几箱柚子，大街上摆摊叫卖，看看能挣多少钱

4.5.2　生好与用户有关的“利益火”

用户登录小红书，都是冲着某种利益而来的，有的人是为了寻找快乐解闷，有的人则是为了学习某种技术，提升自己的生活和工作质量……简言之，只有我们的笔记内容和用户的利益产生交集时，他们才会对内容产生兴趣，才会关注我们。

因此，想要笔记火起来，必须生好“利益火”。

小红书美食博主“好好吃”便非常善于打造利益点为笔记加分，吸引用户第一时间关注。比如其发布的一篇分享紫菜虾滑汤的笔记中，一开始便说出了用户能够得到的两个好处：

一是让孩子更喜欢吃饭。孩子挑食不喜欢吃饭，一直都是很多家长的痛点，而“好好吃”分享的这道美食，则为家长提出了可行的解决方案。“妈妈再忙，每周也要做三次这个紫菜虾滑汤，孩子一口气喝了两大碗”——短短的一句话，让家长情不自禁地点击，为笔记带来了超高的人气。

二是营养丰富，健康饮食。紫菜虾滑汤不仅味道鲜美，好看好吃，而且营养丰富——不管是紫菜还是虾滑，对于人体而言都是非常健康的食材。

因为设置了这两个利益点，这篇笔记对用户产生了很强的吸引力，发布1天后，便收获了9.7万个赞，被9.4万个用户收藏，如图4-16所示。

可见，设置利益点，让笔记在第一时间和用户产生交集，是小红书笔记爆火的一个基本条件。那么我们如何设置利益点呢？如何让用户看一眼就想点击呢？在实际操作时，我们可以结合自身实际，灵活选择四种方法，如表4-16所示。

图 4-16 "好好吃"发布的人气笔记

表4-16 小红书利益点设置的方法

方法	分析	举例
设置利益关键词	设置好利益关键词，当用户在小红书平台上搜索时，笔记可以第一时间被抓取	家常菜做法大全之酸辣白菜，四步从小白变身家庭食神

（续表）

方法	分析	举例
强化占便宜心理	用户在意的不是占了多大便宜，而是觉得自己占了便宜，利用好这个便能让笔记火起来	亲自试用三个月，总结出粉底三大用法，美女不看是大损失
转化视角说话	当我们站在用户视角说话时，对于他们而言便是以他们为利益方	大学生就必须让座？道德绑架要不得
用美好未来说话	只要按照某种方案做事，未来就会更美好，没有比这更吸引用户关注的了	一部英语原声电影看20遍，环游全球可实现

4.5.3 点燃聚集人气的“仪式火”

春节，不管家人分隔在哪里，都要回老家团聚，吃顿团圆饭，这是仪式；生日，不管多忙，都要挤出时间，买个小蛋糕，许个甜蜜的心愿，这也是仪式……简单地说，能够表达人们内心情感的语言、动作、行为等，都能成为仪式，当我们能够在笔记中构建某种仪式感时，便能触动用户内心的某种情感，继而给予他们永恒、浪漫、新奇等情感，激发他们强烈的关注和分享热情。

美食是小红书平台上竞争比较激烈的领域之一，如何才能快速崛起，成为粉丝的美食顾问呢？小红书博主“屁屁妈”便使用营造仪式感的方法解决了这个问题。“屁屁妈”认为，赋予笔记封面一种固定的格式，次数多了，便会形成一种风格，给予用户某种期待，继而形成一种颇具吸引力的仪式感。

因此，“屁屁妈”将封面作为触发用户仪式感的一个“引爆点”——将笔记封面设计成统一的六宫格、九宫格、十二宫格，甚至更多的二十四宫格形式。如此一来，用户扫一眼后不仅能够在第一时间清楚笔记所要分享的美食名称和制作步骤，还能产生一种走进美食殿堂般特有的艺术感，如图4-17所示。

图 4-17 “屁屁妈”满是仪式感的笔记封面

那么如何在小红书笔记中营造出强烈的仪式感呢？在实际操作时，我们可以结合笔记选题，灵活选择五种方法，如表4-17所示。

表4-17　小红书笔记营造仪式感的方法

方法	分析	举例
语言营造法	使用某种固定形式的或者特定情感的语言，打造某种强感知仪式	在笔记开头设置互动性语言，比如“老铁们，又见面了”
动作营造法	通过某种个性化的动作打造标志性的符号，营造一种强烈的仪式感	不管身处何地，出镜之前，先来个一字马
图片营造法	使用符号性明显的图片，营造一种专属仪式	用夸张的素描做笔记封面
场景营造法	在场景上做文章，使用固定的或者特点鲜明的背景给予用户难忘的仪式感	每篇笔记设置一个野外场景，如高山、云海、瀑布等
利益营造法	通过定时给予用户某种利益的方式营造一种期待感，久而久之便成仪式	每间隔三期，笔记最后便会进行抽奖活动

4.6　站在用户视角创造内容

很多小红书博主在策划笔记内容时，总是习惯性地站在自己的立场上说“这个内容我喜欢，一定会火”，却从来不考虑目标用户是不是喜欢。需要明确的一点是，在小红书上，用户才是上帝，只有用户喜欢，内容才会获得更多的流量支持。因此，智慧的小红书博主都善于站在用户视角创造内容。

4.6.1　用户喜欢而非我喜欢

输出用户喜欢的内容，满足他们的需求，是小红书笔记人气爆棚的金科玉律。比如，一位小红书博主的目标用户主要是年轻人，但输出的笔记都是食疗养生类的内容，结果可想而知，即使这位博主花费了大量的时间和精力，每篇笔记的人气也非常低迷，点赞数寥寥无几。

可见，目标用户迫切需要和喜欢的内容才是小红书博主策划笔记内容的基础和出发点——目标用户渴望学习提升，就输出专业知识和技能；目标用户喜欢娱乐，就输出幽默的文字和充满娱乐精神的表演；目标用户喜欢歌舞，就亮出高品质的歌声和舞姿……

小红书博主“夏叔厨房”发布的内容就因为极度契合用户需求而大受欢迎，其针对的目标用户主要是家庭主妇和美食爱好者，这些人急需掌握快速做出色香味俱全美食的技能，对提升自身的手艺有着强烈渴望，而“夏叔厨房”输出的视频内容就是烹制美食时的方法和技巧，自然大受欢迎，其也因此收获了157.2万用户关注（截至2023年1月），如图4-18所示。

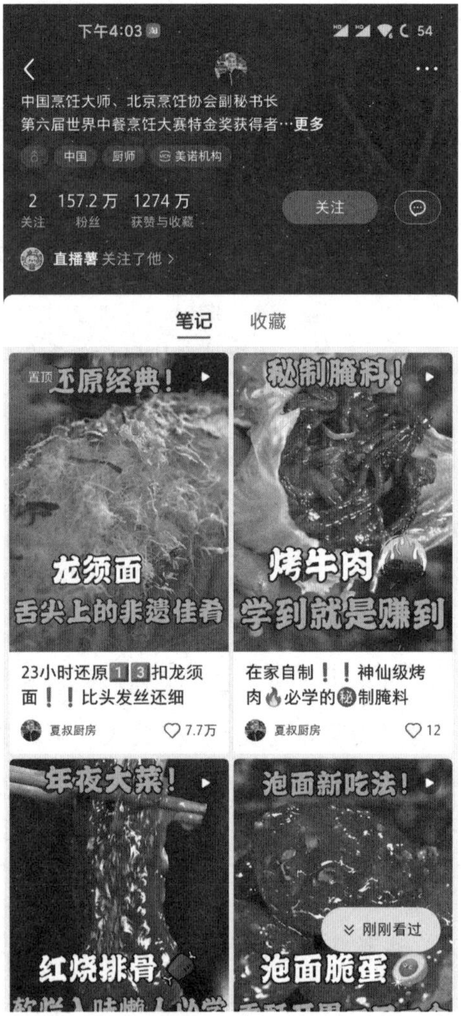

图4-18　“夏叔厨房”的小红书主页

4.6.2　找到用户的真实需求

满足用户需求的前提是找到用户的真实需求，但很多时候，用户表现出来的需求存在一些问题，让小红书博主看到的往往是伪需求。

用户需求中存在的主要问题有四种，如表4-18所示。

表4-18 用户需求存在的问题

问题	分析	举例
情绪化表达	很多时候，用户在某种特殊场景下做出的表述往往是情绪化的而非真实需求	考试考砸了，认为中学搞笑类笔记幼稚，以后再也不看了
互相排斥	很多用户的需求在本质上是相互排斥的，满足了一方面却不能满足另一方面	既想放纵自己尽情娱乐，又要好好学习，掌握技能
想当然	很多用户潜意识里会将问题的解决方案想当然地当作需求	学习非常紧张，压力大，想要娱乐，但娱乐却不是真需求
场景错位	需求场景错位，生搬硬套需求	认为吃火锅必定上火

那么如何才能找到用户的真实需求呢？小红书博主可以采用三种方法提炼用户的真实需求，如图4-19所示。

图4-19 提炼用户真实需求的三种方法

4.6.3 确定满足用户需求的逻辑框架

在排除了伪需求找到真需求之后，小红书博主还需要满足它，给予用户实实在在的价值。简言之，小红书博主发布的笔记能否被用户所关注和喜欢，是由内容本身的价值决定的，而非内容本身。

因此，小红书博主在策划笔记时，需要遵循以下逻辑框架：

（1）确定哪些需求是必须要满足的。既然用户的表面需求如此不靠谱，那么小红书博主要做的就是找出他们真正的需求。因此，小红书博主在分析用户需求时，要考虑以下四个问题。

①是不是大多数用户的需求？需求是否高频、紧急、刚性？

②其他同类型小红书博主对这个需求的反馈如何？是不是大家都在做，积极做？假如有些人没有做，他们的顾虑是什么？

③为了满足这一需求，投入产出比高不高？获得的回报是否会大于我们去满足这项需求所付出的成本？

④我们是否有能力去满足这个需求？

（2）打造核心点满足大部分用户需求。每个人的需求是不同的，每个需求的群体规模也是不同的，如果小红书笔记要获得较大的关注度，就要先确定内容核心点所针对对象的群体规模的大小，要把内容核心点定位到最大规模上。

（3）不断创新跟上用户的需求变化。用户的需求不是一成不变的，很可能今天有这个需求，明天又没有了，或者又有了新的需求。因此，小红书博主在策划笔记内容时要跟上用户需求的变化，不断创造新的内容去满足用户需求。

4.7 打造“五力”爆款内容

在小红书的推荐机制中，点赞数是最关键的指标之一，而想要提升点赞数，内容就必须具备爆款的潜力——人见人爱，点赞数才会更上一层楼。那么如何生产爆款内容呢？其实只要方法适当，爆款内容的制作是有捷径可走的，小红书博主可以遵循“五力”原则来打造。

4.7.1 搞笑力

人人都喜欢娱乐，喜欢在闲暇的时候笑一笑，喜欢在繁忙的工作之余“偷得半日闲”。更重要的一点是，搞笑内容具备很广的覆盖面，基本能做到“男女老少全盘通吃”。因此，当小红书博主自身具备较强的幽默天赋时，可以通过强化输出内容的搞笑力，提升自身对用户的吸引力，让用户在第一时间关注你、喜欢你、痴迷你。

小红书博主“王大艺”发布的笔记大多属于搞笑类内容，因为搞笑力满满而备受年轻用户的喜爱和推崇。更难能可贵的是，“王大艺”发布的搞笑视频并非为了搞笑而搞笑，而是在父女“相爱相杀”过程中再现学习中的趣事、乐事，让用户在爆笑之余有所收获。

通常而言，搞笑内容主要包括四类，如表4–19所示。

表4–19 搞笑内容的类型

类型	内容	举例
讲笑话	通过相声、故事等形式，依靠语言、动作、情节等营造爆笑场景	小红书博主模仿某一知名相声演员，为大家讲笑话
冒傻气	通过自嘲、自损等方式，演绎种种“傻”，营造娱乐氛围	到了高铁站，竟然不知道如何刷身份证上车，用各种“傻”想法测试
搞笑情景剧	采用剧情演绎的形式，通过人物造型、语言、动作、情节等，带给用户丰富且持久的快乐	设计一个相亲短剧，通过男女双方衣着、性格、习惯上的碰撞营造娱乐剧情
失误	通过一次或多次“失误”营造一个或多个爆笑场景，带给用户爆笑体验	不小心被绊了一下，失手将蛋糕砸在了爸爸的脸上

4.7.2 治愈力

内容有治愈力，是指内容自带正能量，能够帮助用户摆脱消极情绪，内心变得阳光明媚。人人都有不开心的时候，或有遇到挫折的时候，而治愈力内容自带“治疗”功能，会在这个时候产生强大的吸引力，赢得用户的好感，吸引他们疯狂点赞。

在实际操作时，小红书博主可以结合所专注的领域，灵活选择三大治愈力内容类型，如表4-20所示。

表4-20 治愈力内容的类型

类型	内容	举例
萌化类	通过萌宠、卖萌等帮助用户驱赶负能量，带给用户满心的温暖和欢乐，吸引他们评论、点赞和分享	小红书博主和猫咪眼神交流，猫咪的反应像是了解了自己的想法
正能量类	通过再现社会中的正能量内容，为用户内心注入温暖，赢得用户的好感	小红书博主以视频形式再现“全城寻耳”热点，吸引用户关注
励志类	通过再现自己或他人与挫折、困难作斗争并最终成功的故事，为用户内心注入温暖	拍摄《北漂一族生根记》，通过讲述北漂一族励志故事为用户注入正能量

小红书博主“盏茶插画”发布的一篇笔记便因为超强的治愈力一炮而红——十字路口，一位父亲骑着电动车载着女儿等绿灯，突然，女儿将手中的棉花糖撕下来一大块，送到了父亲的嘴边。这一刻，画面定格，笔记中的父女变成了更加生动的动漫形象，甜到了每个用户的灵魂深处。

4.7.3 表演力

内容的表演力，顾名思义，是指小红书博主通过剧情表演、唱歌、跳舞等形式所展现出来的一种内容上的超级吸引力。比如，一位小红书博主不但身材好、脸蛋长得漂亮，而且嗓音也非常甜美，其发布的表演性质的笔记，对于用户而言便具有强大的吸引力。

具体而言，表演力内容主要可以分为四大类，如表4-21所示。

表4-21 表演力内容的类型

类型	内容
歌唱类	小红书博主通过唱歌或者音乐类内容，以优美的声音和令人难忘的音乐作为吸引用户目光的主要手段
舞蹈类	以舞蹈作为笔记的主要内容，通过优美或者个性十足的舞姿、音乐等元素吸引用户关注，获得高流量
绘画类	通过展示高品质绘画成果或分享绘画技巧，吸引用户围观，不断积累人气，最终打造出响亮的个人品牌
挑战类	以各种挑战性表演作为笔记的主要内容，通过新、奇、高、难等标签吸引用户

小红书博主“天天有你”的视频内容非常垂直，都是简单实用的绘画技巧。在“天天有你”手里，各种线条都变成了组装完好的零件，有时寥寥几笔，便将一位面带哀愁的美丽少女展现在用户眼前。因为绘画技巧高，分享方法简单实用，因此发布视频没多久的他，便吸引了十几万粉丝关注。

需要注意的是，表演力内容对小红书博主的技艺要求比较高，表演能力要强，或唱歌要好听，或跳舞要好看，或画画要画得非常美，等等。假如小红书博主的表演能力较弱，则很难通过这类内容快速吸引用户关注，打响知名度。

4.7.4 技术力

技术力内容主要表现为各种技术展示，在“炫技”过程中吸引用户关注，提升小红书博主的品牌影响力。技术力内容往往会通过灯光、镜头的设计，再配上节奏动感的音乐，营造出养眼且酷炫的画面。

技术力内容大体上可以分为四类，如表4-22所示。

表4-22 技术力内容的类型

类型	内容	举例
美食类	通过展示美食制作步骤和分享美食烹饪技巧吸引用户眼球	每日发一个家常菜制作视频，分享选材、烹饪技巧
职场工作类	主要展示和分享职场所需工作类技能，以高效、实用为主要吸睛点	每周发布一个PPT制作技巧的视频，介绍PPT制作技巧
生活技巧类	通过展示生活痛点和解决技巧，吸引用户关注，赋予内容强大的吸引力	分享高效疏通水管、马桶等技巧，为用户提供解决方案
兴趣类	通过展示各类兴趣类技能，为用户提供问题解决方案，吸引用户关注	分享钓鱼技巧，分享跑步技术，分享山地车操作要点等

4.7.5 鸡汤力

鸡汤力内容通过向用户灌输犀利的鸡汤文案，引发用户强烈的认同感，继而获得用户的好感和关注。简言之，鸡汤力内容的本质在于“认可”，在于“你真的懂我”，在于“说到了我的心坎里”。就像那些刷爆朋友圈的鸡汤文一样，它们的共同点就是能引发用户共鸣，用户有共鸣就能够获得点赞和分享，进而能获得平台更强力的推荐，获得更大的影响力。

通常而言，鸡汤力内容主要包括三类，如表4-23所示。

表4-23 鸡汤力内容的类型

类型	内容	举例
代言类	通过内容为用户代言，将他们内心想说但又说不出的观点、思想、价值观等表达出来	推出《我为什么那么想上清华》系列视频
共情类	在内容中对用户的生活和工作状态感同身受，以更深刻的剖析引发用户情感上的共鸣	针对加班一族推出《熬夜的108种状态》视频
方案类	针对用户群体遇到的普遍问题提出自己的解决方案，获得用户的强烈认可	推出《如何让自己在女生眼中更帅》系列视频

第 5 章

强化内容运营，加速用户沉淀

一篇爆款小红书笔记，背后必定有着高超的内容运营手法，即通过价值点的强化、创新要素的彰显、社交价值的体现以及活动的打造，推动用户从阅读者、观看者向赞美者、收藏者和分享者转换。

5.1 价值：说一千道一万不如一个解决方案

很多博主虽然明白“内容为王”这个小红书笔记的成功真理，但却不知道如何做好内容，不知道什么样的内容才能触达用户，让他们关注、观看甚至自发地分享。其实，内容为王的核心便是提供有价值的解决方案——每个用户都是持有某个目的在小红书上冲浪的，而能够帮助他们快速实现目的的解决方案便是最吸引他们的“大鱼”。

5.1.1 提出一个用户痛点并放大它

有经验的销售员在推销自己产品前首先会找出用户的痛点，并加以放大。所谓“痛点”，即市场不能立即满足而用户却迫切需要满足的需求。比如，大脚用户的痛点是“很多鞋店没有45码的鞋子”，假如我们能够提出这一痛点并放大它，有迫切需求的用户便会抱着希望进行询问。同样的道理，当我们抓住了目标用户的痛点并放大它时，我们的小红书笔记便会快速进入用户视野，激发他们强烈的点击查看兴趣。

小红书博主“杨九月美食”发布的笔记，便因为善于抓住痛点而人气爆棚——起初便提出目标用户的某一迫切但又不能立即满足的需求，或营造一种情感的共鸣，或打造立场一致的阵营，刺激用户点击并分享笔记。

比如在一篇美食分享笔记中，一开始博主便抛出了一个大痛点——每次过年，餐桌上总是摆满了大鱼大肉，令人丝毫没有食欲。肉食太多，一来吃了容易长肉，二来吃了油腻，这是很多人深埋在心中的痛点，而春节的临近，无疑将这一痛点进行了放大。最终的结果就是，用户消除痛点的意志变得更加坚决——这篇笔记因此获得了巨大的成功，发布后24小时内便收获了

15万个赞，被收藏12万次，如图5-1所示。

图 5-1　“杨九月美食”发布的人气笔记

可见，小红书笔记想要火起来，痛点是非常好的引爆点。那么，如何才能找到目标用户的痛点呢？方法如表5-1所示。

表5-1 找到用户痛点的方法

方法	分析	举例
视角转化法	站在目标用户而非自己的立场上观察问题，抓住他们急切却又一时半刻满足不了的需求	年关临近，作为美食新手的我，对年夜饭产生了恐惧
问卷调研法	通过在小红书或者其他平台上发布调查问卷的形式，了解用户现阶段较迫切的需求痛点	有奖调查，您屡做屡败的年夜饭大菜是啥
竞争观察法	观察小红书同行业的博主，分析他们的目标用户，提炼出具体的痛点	通过分析发现其他美食博主都聚焦"家常菜"和死磕"过程简单"

5.1.2 给出一个解决方案并渲染它

找到目标用户的痛点，调动起他们点击笔记的热情后，还需要立即给出更直接的解决方案，才能获得用户的认同，点燃他们收藏和分享的热情。只有痛点而无解决方案，无异于隔靴搔痒，只会令用户产生强烈的厌恶情绪，最终弃我们而去。

防疫"新十条"政策实行后，小红书博主"姚星星今天自律了吗"针对人们"变阳"后的各种痛点，推出了一整套食疗解决方案：咳嗽、喉咙干痒——花椒煮雪梨；发热但不出汗——红枣姜汤；鼻塞——电解质水；喉咙痛——盐蒸橙子。这套方案中的四种食疗方法都以小图和文字的方式集成于一张大图中，令用户一目了然，一学就会。

由于这套食疗方案对于目标用户而言关乎生命健康，操作起来简单实用，且效果非常好，所以这篇笔记发布后便吸引了大家的目光，人气直线上升——短短24小时内，便收获了15万个赞，被收藏了17万次，如图5-2所示。

图 5-2 “姚星星今天自律了吗”发布的人气笔记

可见，针对普遍存在于目标用户群体中的痛点，及时地提出解决方案，并让大家充分地意识到它的价值，是小红书博主快速积累人气和声望的好方法。

那么，如何针对痛点提出有价值的解决方案呢？在实际操作中，我们可以针对不同痛点灵活选择适合的解决方案，如表5-2所示。

表5-2　痛点解决方案提出的方法

方法	分析	举例
出谋划策法	站在用户视角为其出谋划策，列出简单、有效的解决方案，帮助他们以低成本解决问题	脸上长痘痘是少女的噩梦，我有3个祛痘秘籍
亲身体验法	通过亲身体验的方式，为用户关注的某一问题列出可行的、具体的解决方案	今天早上发现额头上长了痘痘，我用3步完美遮瑕
实验测评法	通过实验的方式再现用户群体关注的某一痛点，并给出低成本、高效率的解决方案	都说这款产品祛痘效果好，通过实验，揭开了真相

5.1.3　定期发布营造期待

人不可能一口气吃成个胖子，同样的道理，我们也不可能通过一篇或几篇笔记便将用户深度绑定。想要让用户记住我们、喜欢上我们、登录小红书平台后第一时间搜索我们的账号，管用、有效的方法便是定期发布优质内容，提供给他们急需的解决方案。

定期发布高品质笔记，对于小红书账号而言会产生三大作用，如图5-3所示。

图 5-3　定期发布高品质笔记的三大作用

那么，对于小红书博主而言，如何确保能定期发布高品质的笔记呢？其实，只要我们抓住三个要点，就能非常轻松地解决这个问题，如表5-3所示。

表5-3　确保能定期发布高品质笔记的要点

要点	分析	举例
做好选题计划	每篇笔记的选题要提前做计划，策划好，不能临时抱佛脚，否则发布就缺乏持续性	第一期做“腊月二十七吃啥”，第二期做“腊月二十八吃啥”
确定发布间隔	根据选题计划确定笔记发布间隔，确保在计划好的日期准时发布笔记	从腊八开始，每天发布一篇美食笔记，聚焦春节饮食习俗
提前发布预告	为了营造更强的期待感，我们还可以对下期笔记进行预告，提前透露笔记看点	下期笔记会再现20世纪80年代春节年夜的味道

5.2　创新：用户最是喜新厌旧

喜新厌旧是人的本性，小红书笔记内容想要变身磁石，牢固地将用户吸引住，就必须推陈出新。反之，缺乏新意的内容，即使做得再精美、再有深度，用户看久了也会失去继续关注的热情和耐心。简言之，不断创新的小红书笔记内容，才是用户关注的焦点所在。

5.2.1　选题创新

假如我们仔细分析一些爆款笔记的话，便会发现一条普遍性规律：它们可能在内容上并不出彩，但选题都非常新颖，比如“当大姨妈拟人化”“以前老师VS00后老师”“用鲁迅先生的风格官宣吧”等。可见，选题事关小红书笔记的整体吸引力，选题新颖，笔记给予用户的第一印象才会更深刻，内容上才会更有吸引力。

小红书博主“奥黛丽厚本”专注于做用户的开心果，因此所发布的笔记都是强烈的搞笑风。虽然致力于“博用户一笑”，但每篇笔记的选题都“日日换新”，今天是财阀唯一继承人爱上了穷小子，明天则是刷新认知的名侦探破奇案……这些新颖的搞笑选题加上夸张的造型和惟妙惟肖的表演，非常有趣，更具有期待感，因而每篇笔记都能吸引大批用户围观。

比如“奥黛丽厚本”发布的一篇主题为“毁童年”的笔记，便通过翻拍80后十分熟悉的葫芦娃系列动画，营造出了一种爆笑感——不管是无厘头的人物造型、夸张的语言动作，还是脑洞大开的剧情设置，都令人捧腹不止，如图5-4所示。

图 5-4 “奥黛丽厚本”发布的毁童年笔记

可见，选题创新是内容运营的重要方面，也是吸引用户、留住用户和绑定用户的有效方法之一。那么，小红书博主如何做好选题创新呢？在实际操作中，我们可以结合自身所属行业，灵活选择三种方法，如表5-4所示。

表5-4　小红书笔记选题创新的方法

方法	分析	举例
细分常规题材	通过对常规题材的进一步细分，挖掘出更加垂直的内容领域，继而给予用户新奇之感	在传统使用电脑题材基础上细分出“第一次使用苹果电脑五大囧”
升华常规题材	在常规题材基础上加入新的元素，将其进行再升华，继而给予用户一种新奇感	为传统的谦让文化题材加入夸大元素
联想延伸创新法	在常规题材基础上进行联想和延伸，继而开创出一种新题材，给予用户更新奇的体验	由布洛芬包装上的人物动作联想出“大男人的布洛芬舞蹈”

5.2.2　展现形式创新

同样的内容，以文字展现和用视频展示，用户看了之后的感受可能天差地别。为什么会出现这种明显的反差呢？答案便是展示形式上的差别。因此，想要内容发布后红红火火，选择一个适合用户胃口的展现形式是非常重要的。

专注于美食领域的小红书博主“腊月小九”，所发布的笔记在展现形式上非常有创新性。比如在其发布的一篇视频笔记中，一开始便设计了一个“超市牛奶打折和邻居一起抢购”的情节，之后便顺其自然地提出了一个问题：抢购了一冰箱纯牛奶和酸奶，除了直接喝，还能怎么吃呢？接下来，“腊月小九”便抛出了一套解决方案，为大家呈现了几种简单易做又美味爽口的牛奶美食做法。

由于采用了视频呈现的方式，再加上贴近生活的铺垫和实用的牛奶美食解决方案，令这篇笔记发布后便为用户所关注和追捧——短短24小时内，便收获了21万个赞，被收藏近8万次，如图5-5所示。

图 5-5　“腊月小九”发布的牛奶美食笔记

那么，作为小红书博主应如何去展现自己的笔记呢？在实际操作中，我们可以通过以下四种形式去创新展现我们的笔记，如表5-5所示。

表5-5　各种内容的展现形式

展现形式	分析	举例
文字展现	当内容需要分层陈述且需记忆时，用户更喜欢分列式的文字展现形式	喉咙痛，第一步橙子切掉一部分，第二步加盐，第三步盖好盖子入锅蒸
图片展现	一些比较抽象的内容非常适合以图片的形式展现出来，能够让用户更直观地了解	分享美食，每个步骤配图配文字，集成在一张大图中
剧情展现	内容以剧情的形式展现出来，给予用户更加直观、生动的体验	儿子天天吃路边摊，妈妈一气之下自学“烧烤全家桶”
创新展现	以对比、夸张、正话反说等创新形式展示内容，继而给予用户一种更为新奇的体验	妈妈做的盐水鸭和我做的盐水鸭，两种方法做的鸭吃出两个世界

5.2.3　语言创新

对于用户而言，文字语言是最直接的信息载体，对它们的变化感知也是最直接的。因此，当小红书博主在文字语言上做出新意时，往往能够第一时间触达用户，刺激他们点击笔记，深入了解内容。

“星泽学长”是一名专注于“写字”的小红书博主，因为其善于在语言上推陈出新，金句迭出，因此所发笔记的人气都非常高。比如其结合热点发布的一篇名为《小阳人分类指南》的笔记，语言上便散发出了满满的创新味道：

无症状的喜羊羊

持续低烧暖羊羊

发了高烧沸羊羊

浑身疼痛不想动的懒羊羊

一直没阳的慢羊羊

阳了又阳的羊了个羊

全家都阳烤全羊

相对于严肃的语言，这种段子式语言令用户耳目一新，既贴合热点，又幽默有趣。因此，这篇笔记发出后，短短6个小时内便收获了6.7万个赞，被收藏了4.8万次，如图5-6所示。

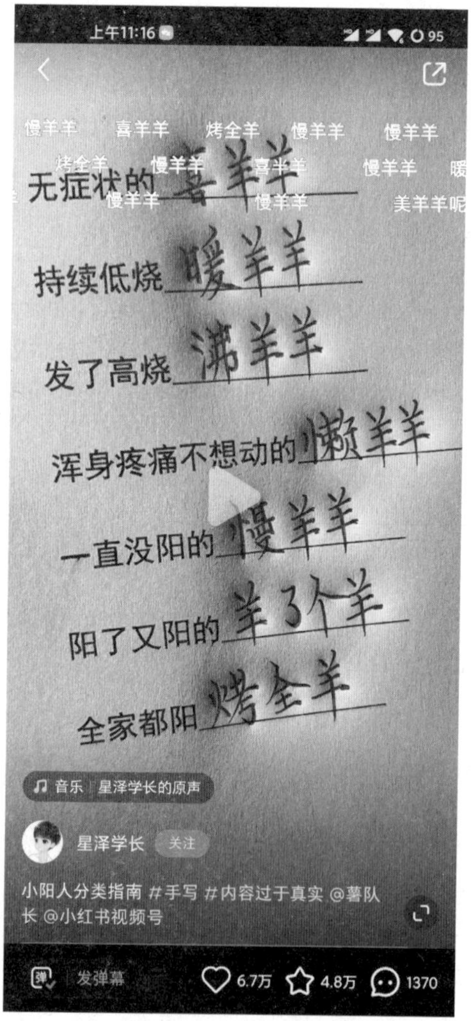

图 5–6 “星泽学长”发布的幽默式笔记

在具体操作时，小红书博主可以从三个方向进行语言创新，如表5–6所示。

表5–6 小红书笔记语言创新的方向

创新方向	分析	举例
网络化	使用网络流行语作为内容的载体，刺激年轻用户群体进一步关注笔记	爱了爱了，自从吃了一次糖酥鱼，味蕾破防，分享厚脸皮求来的秘方
幽默化	将严肃内容用幽默的语言说出来，营造一种开心愉悦的氛围，引爆人气	刚才我忍不住发火了，是我不对，不应该紧挨着炉子，它点着了我的肝火
段子化	人人都喜欢段子，当内容变成一个个超级搞笑的段子时，内容想不火都难	有个男生总是撞掉我的铅笔，为了收拾他，我决定长大后嫁给他

5.3 社交：为用户代言，说出他们的真实想法

想将用户变成铁杆传播者，主动和亲朋好友分享，我们的小红书笔记就需要具备强大的社交属性。所谓小红书笔记得有社交属性，是指小红书笔记拥有能让用户或彰显某一个性，或表达某种主张，或抒发某种情感等这类东西，如同人们去了星巴克，星巴克有让人们拍照发朋友圈的东西。

5.3.1 打造一个鲜明人设

一个鲜明的人设，本身便代表着一种独特的个性和审美。用户因为喜欢我们的人设而关注和分享我们，自然也会向别人传达这种信息，比如我认同这种人设，我也是这类人。因此，我们的人设越符合目标用户的胃口，越鲜明、越有个性，对用户的社交作用就越大，他们关注和分享的动机就越强烈。

小红书博主“罗休休”为自己打造了一个鲜明的人设——中学课堂上的“女神经”。这一人设对年轻用户有着巨大的吸引力，他们不是正在中学学习，就是刚刚结束中学时代，对这段时光充满了美好的回忆。而“女神经”意味着各种惟妙惟肖而又脑洞大开的表演，同学之间、同学和老师之间的“相爱相杀”，这些都是青春特有的气息。

“罗休休”的小红书笔记，在年轻人眼中不仅意味着快乐，还是一种社交货币——分享到朋友圈，向别人传递一种只有同龄人才能明白的信息，获得心灵上的某种共识。基于此，许多年轻人关注“罗休休”，喜欢“罗休休”，分享“罗休休”发布的每一篇笔记。

可见，一个社交属性鲜明的人设，可以在很大程度上将用户转变为内容的“推销员”，那么如何打造鲜明的人设呢？小红书博主可以结合自身深耕的领域，灵活选择三种方法，如表5-7所示。

表5-7 小红书账号人设打造的方法

方法	分析	举例
人物化	赋予小红书账号某种人物形象，给予其某种目标用户喜爱的个性，以此吸引用户分享	一个喜欢分享中学生活的“女神经”，和老师、同学“相爱相杀”
精神化	给予小红书账号某种精神，将其打造成目标用户推崇的精神旗帜，以此吸引用户围观和分享	一个超级会抬杠的女青年，抬杠令我痛并快乐着
标签化	给予账号某种鲜明的标签，让目标用户在分享时也能自动享有这种标签	不聪明但超级勤奋的谢三更，每天读书到凌晨的奋斗小子

5.3.2 彰显某种身份

人人都有虚荣心，都喜欢有意或无意地彰显自己的某种有异于别人的身份。因此，当我们的小红书账号或者发布的内容能够迎合用户的这种心理时，便会成为用户眼中的“香饽饽”，大受其欢迎。

小红书博主“凉湉子的日常”，便以账号和笔记带有很强的身份性为用户喜爱，成了大家朋友圈中的常客。小红书博主“凉湉子的日常”为自己设计了两个身份，分别是“零食店主女儿”和“超级吃货”，因此她所发布的内容大多是“偷”店里食材制作各种美食，大吃特吃。

开家零食店，想吃啥就吃啥，这是无数青年男女的梦想，却在小红书博主“凉湉子的日常”身上实现了——她不仅想怎么吃就怎么吃，还能动手将各种食材巧妙地搭配，吃出“花儿”来。因此，用户在转发其笔记时，也会给自己附上“吃货”和“浪漫美食家”的身份，这便是大家乐于转发其内容的原因。

在实际操作时，我们可以根据自身发力的行业和内容，灵活设置两种身份，如表5-8所示。

表5-8　吸引用户分享的设置身份的方法

设置身份	分析	举例
用户熟悉的身份	用户在生活或工作中能够接触到的某种身份，这种身份能够帮助用户表达某种观点	以中学生身份讲述日常学习与生活中的趣事和怪事
用户期待的身份	用户暂时不具备但超级想拥有的某种身份，由此延伸出来的故事内容必定会具备吸引力	以中学老师的身份再现，和同学们“相爱相杀”

5.3.3　放大某种观点

所谓放大某种观点，简单地说，就是站在用户的立场上，就他们关注的某一问题奋力发声，做他们的代言人。试想一下，还有什么比一个站在自己立场上、发自内心地奋力为自己谋利益的人，更值得关注的呢?

小红书博主“周周讲学习”便专门为“刻苦学习族”发声，谈学习方法，喊学习口号，表学习决心。时间久了，其笔记在学习族的眼中就成了“发声筒”，成了展示群体声音的“小黑板”。所以，小红书博主“周周讲学习”获得了越来越多学习族的关注，其发布的笔记人气都非常高。比如，寒假到来后，“周周讲学习”便发布了一篇名为《寒假计划表》的笔记，为学习族献上了寒假学习最佳攻略，继而赢得了无数喝彩——发布后24小时内，这篇笔记便被3.3万人点赞，被收藏2.2万次，如图5-7所示。

那么，如何放大用户的观点呢？并非随便放大一种声音便能让用户将博主视为知己，假如声音不是发自他们内心的或者不是他们期盼的，博主再卖力地放大，对于他们而言也没有任何关注价值。

在实际操作时，我们可用“三抓法”找到用户的心声并放大它，如图5-8所示。

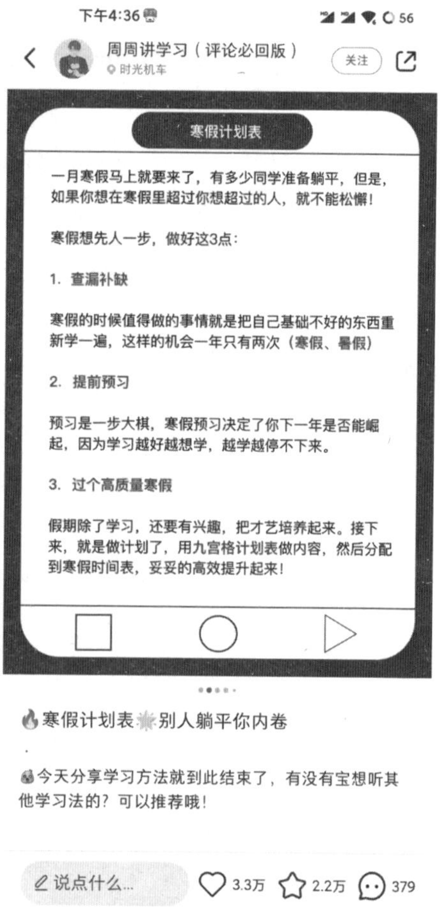

图 5-7 “周周讲学习”发布的高人气笔记

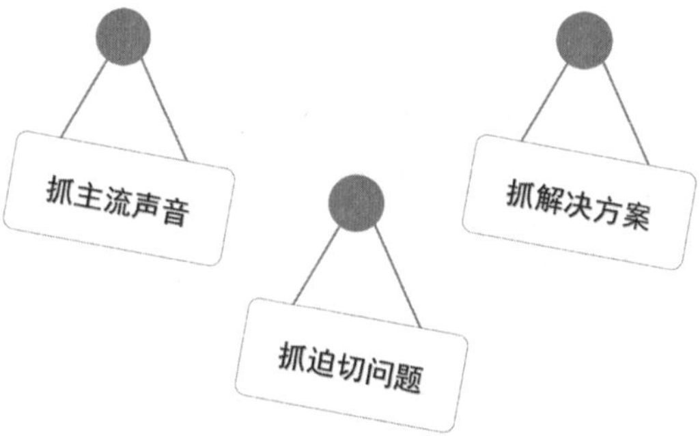

图 5-8 找到并放大用户心声之“三抓法”

5.4 促活：没有活力的用户都是僵尸粉

对于小红书博主而言，并不是所有的用户都有价值，比如僵尸粉，关注账号后不点赞、不评论、不转发，这种用户再多，对小红书账号的健康发展也无益。因此，小红书博主需要不断地提升用户活力。

5.4.1 保持高强度互动

现实生活中，原本关系很好的朋友，如果长时间不联系，也会渐渐变成熟悉的陌生人。小红书博主同用户之间的关系也是如此，必须保持高强度互动，才能不断提升关系的黏性，保证用户的活跃性。

如何提升互动的强度呢？有五种方法，如图5–9所示。

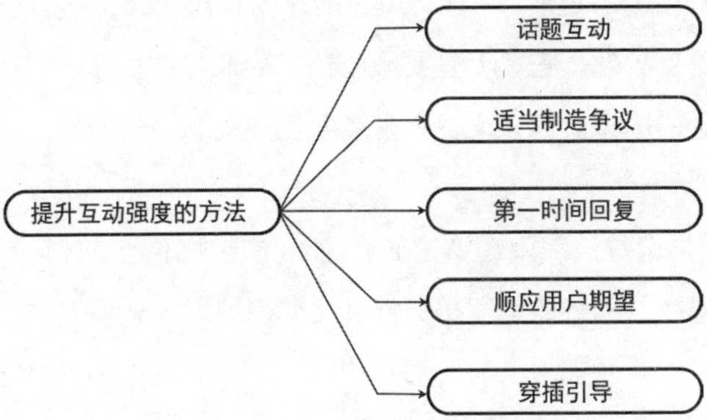

图 5–9 提升互动强度的“五法”

（1）话题互动。想要提升互动强度，话题互动是一个简单有效的方法。比如，将一个热点话题融入笔记标题之中，吸引用户参与；拍摄美食类视频，选择做快手菜；健身类视频，选择教大家关注的无器械健身或办公室健身；时尚类视频，向大家介绍一些日常服装的穿搭技巧，如“怎样将一条淘宝款牛仔裤穿成潮牌”……这类话题性较强的内容，能够吸引并快速激发用户模仿、转发、评论的兴趣。

（2）适当制造争议。话题具有一定的争议性，往往能够在很大程度上提升内容的参与感，吸引用户更积极地参与话题讨论。比如“将方便面吃出美食味”，这一话题便具有非常强的互动性——作为日常生活中很常见的一种备用食物，方便面虽然带来了便利性，但在口味和营养上却乏善可陈。“将方便面吃出美食味”这一话题便基于这一痛点，在第一时间激发了用户的好奇心。方便面能做得好吃、做出营养吗？隐藏在话题中的这个深层次的问题，带有很大的争议性。方便面之于人们，除了便利性之外，还带来了哪些正面的影响？这种争议性会极大地激发用户的参与欲望。

（3）第一时间回复。小红书博主要尽可能地在第一时间回复用户留言，以一个“快”字让用户产生强烈的好感——回复得越快，代表小红书博主对用户重视程度越高，用户对你的好感度自然也就会更高。

（4）顺应用户期望。有时，用户的评论可能比较尖锐，这时小红书博主要做的不是针尖对麦芒，而是要顺应他们的期望，显示出我们按照他们的期望不断改进的决心。简言之，就是顺着用户的思路进行互动，以营造更加强烈的期待感。

（5）穿插引导。在阐述话题时，小红书博主还可以进行互动性引导，提升用户与博主互动的欲望和积极性。比如想要发布一篇制作冰激凌的视频笔记，便可以在最后加入一句互动性的话：“大家吃过的最好吃的冰激凌是什么口味的？欢迎大家留言互动！”

5.4.2 利用活动提升用户活性

活动是避免用户成为“潜水党”或“僵尸粉”的重要手段。有活动，小红书博主才能和用户“面对面”，才能给予他们更多利益，继而调动他们点赞、评论和分享的积极性。

（1）发起竞技性、挑战性活动。竞技性、挑战性活动在充满趣味的同时，还具有强烈的代入感，能够在很大程度上满足用户的好奇心，激发他们的竞争意识。因此，充满竞技性、挑战性元素的活动往往较能激发用户的关注，提升他们的参与感。比如答题竞赛、抢楼挑战赛等。

竞技性、挑战性活动的具体要求有两种，如图5-10所示。

图 5-10　竞技性、挑战性活动要求

①活动要有一定的挑战性。活动必须具有一定的难度，这样才能激发用户的挑战欲。这类活动最好在标准上“上不封顶”，从而给予用户充足的自由发挥空间。

②活动要有令人期待的奖励。既然是挑战性的活动，那么就必须设置一定的奖励，才能最大限度地吸引用户参与。奖励可以是精神上的，如授予前三名某种荣誉称号；也可以是物质性的，如给予前三名一些物质奖品。

（2）开展创意众筹活动。所谓“创意众筹”，是引导用户汇聚创新思维的一种新颖的活动类型。小红书博主可以发起一个创意十足的活动，引导用户展示自己的奇思妙想，鼓励他们上传拍摄的相关视频，从而引爆用户的参与感，促使他们更积极地转发、分享。

想要做好创意众筹活动，小红书博主需要做好三点，如图5-11所示。

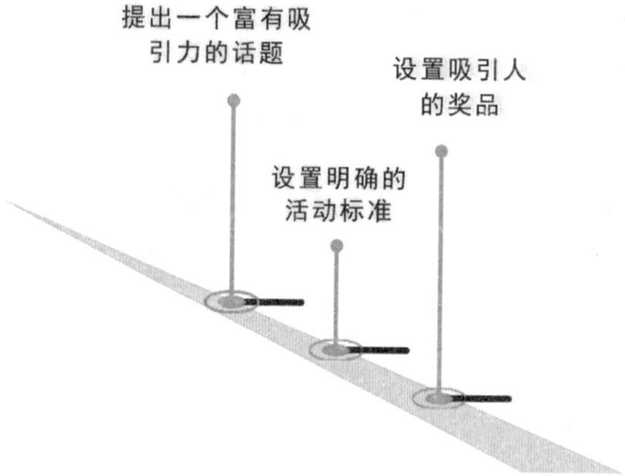

图 5-11 创意众筹活动要点

①提出一个富有吸引力的话题。小红书博主发起的创意众筹活动必须要有一个吸引用户关注的话题，才能在第一时间吸引用户的关注，激发大家的参与感。

②设置明确的活动标准。怎样的创意才算合格？小红书博主要给出明确的标准，这样才能让用户有一个清晰的方向，才能挖掘出更高质量的创意。

③设置吸引人的奖品。有奖品的活动才更能吸引用户参与，因此，小红书博主的创意众筹活动需要设置相应的奖品，激发用户参与和分享的欲望。

5.4.3 物质刺激

正所谓“天下熙熙，皆为利来”，适当的物质刺激是提升用户活跃度的有效方法。刺激用户活性的“物质”，既可以是实体性的，也可以是虚拟性的。在具体操作时，小红书博主可以根据自身情况灵活选择。

通常，小红书博主可以用三种方法给予用户物质刺激，如图5-12所示。

图 5-12 给予用户物质刺激的方法

（1）红包。每隔一段时间向用户发一次红包，利用金钱直接刺激用户，激发用户的参与感和归属感。

（2）抽奖。每隔一段时间举办一次抽奖活动，奖品要尽可能吸睛、有价值，刺激用户的参与感，最终达到强化用户活性的目的。

（3）贺卡。很多人都觉得贺卡的价值较小，寄送贺卡对于促活而言没有多大的作用。其实不然，寄送贺卡的目的在于物质和情感双触达，让用户倍感收获满满。

5.5 引爆：用对战术，精准触达用户

小红书内容运营的重点是提升笔记的爆款产出率，利用爆款的人气无限放大账号在用户眼中的价值，力求打造具有强大影响力的品牌账号。因为在用户眼中，账号中的笔记时常成为爆款，说明该账号有干货，值得关注。

5.5.1 高爆款率的前提是选题好

成功从来都不是偶然的，小红书笔记也是如此，一篇爆款笔记的诞生，

前期需要缜密的策划，其中找到一个好选题，便是策划中最重要的一步。

那么如何才能找到一个好选题呢?

爆款小红书笔记选题的特点

通常而言，爆款小红书笔记的选题都具备三大特点，如表5-9所示。

表5-9　爆款小红书笔记选题的特点

特点	解读
受众广	选题的受众足够广，覆盖面足够大，才有可能获得广泛的关注，让笔记成为爆款
有痛点	选题必须有痛点，能够让用户产生共鸣，共鸣越大，产生的传播效果就越好
有热点	选题需要具备一定的热点属性，才能快速吸引用户眼球，让笔记具备爆款基因

爆款选题打造步骤

小红书博主可以通过三个步骤打造爆款选题。

（1）建立选题库。建立一个选题库是为长远做打算。对于小红书博主而言，爆款选题当然是越多越好，所以建立选题库是非常不错的选择。具体而言，小红书博主可以从三个方面充实选题库内容，如图5-13所示。

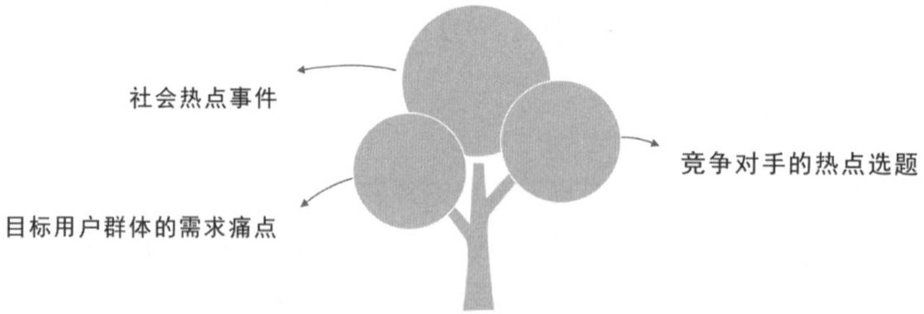

图 5-13　选题库内容来源

（2）打造差异化的选题。一定要有差异性才有可能成为辨识度高的爆款选题，在打造差异化选题的过程中需要注意两个定位：一是受众定位，选题不能无限放大，要有明确的目标人群；二是特色定位，在策划选题时，小红书博主要避开同一角度的主流角度。意思就是大家都在说的、已经被大家说烂的对一件事情的观点就不要再说了。

（3）对选题进行包装。这个包装并不是指后期的包装，而是指选题的提出、呈现逻辑以及分发等多个流程。也就是指最初可能只是一个小想法，但要成为爆款选题还需要经过细致的打磨。首先，要考虑选题的可行性，是否适合通过小红书笔记传播；其次，要考虑选题的呈现方式，比如是简单的人物采访还是讲故事；最后，要考虑选题的时效性，这个选题做成笔记后还会有人关注吗?

5.5.2 为内容添加三大爆款属性

小红书博主“考试宝典–医学考培教育”发布的一篇小红书笔记《普通人阳了VS医护人员阳了》，采用漫画对比的形式，将普通人和医护人员在阳了之后不同的表现淋漓尽致地刻画了出来。虽然这篇笔记字数不多，对话简单，但却成功引爆了用户群体的参与热情——发布后3小时内，便被用户点赞4.2万次，被收藏3855次，如图5–14所示。

图 5–14 “考试宝典 – 医学考培教育”发布的笔记

这篇笔记之所以能够成为爆款笔记，主要有两个原因：

（1）主题正能量满满。“新冠”对每个人有着切身影响，医护人员又处于抗击“新冠”的第一线，和普通人相比，他们的处境更加危险。但是，为了更多人的健康，即使他们阳了，也依然坚守在岗位上。这种对比主题本身就具备较强的稀缺属性，充满了正能量，因此对用户能够产生较大的吸引力。

（2）矛盾突出。一方面是普通人阳了之后的各种休养生息，另一方面是医护人员阳了之后的各种坚持，这种强烈的矛盾冲突，让小红书笔记内容更具看点，更易于拨动用户的情感之弦。

可见，小红书笔记具有爆款属性，火起来的可能性才会无限提升。在具体操作时，小红书博主需要为内容添加三大爆款属性，如表5-10所示。

表5-10 内容的爆款属性

爆款属性	解读	举例
稀缺感强烈且持续	某种东西越稀缺，人们便越关注，越想了解或得到，爆款内容正是利用了人们的这种心理来聚集人气	女子刷视频发现“另一个自己”，原来是失散多年的姐姐
激烈的矛盾冲突	冲突越强烈，人物内心的矛盾越激烈，对用户的吸引力便越大，他们关注的动力就越强	虽然停下来可能得零分，但他还是转身扶起了摔倒的同学
较强的生活气息	生活化的内容，用户熟悉、亲近、感同身受，因而更易引发用户情感上的共鸣	孩子，学校不是你混日子的地方，现在的爽就是日后的痛

5.5.3 打造爆款内容的五个捷径

打造爆款小红书笔记其实也有捷径可走，小红书博主可以根据自身定位行业灵活选择，便可大大提升爆款笔记产出率。

打造爆款小红书笔记的捷径，如表5-11所示。

表5-11　打造爆款小红书笔记的捷径

捷径	解读	举例
构建场景	通过构建某个特定的场景，强化用户的在场感和认同感，继而吸引用户眼球，引发用户关注	一女子的头发长近20米，最终嫁给了理发师
引发好奇	一旦有了好奇心，用户对笔记内容必然会更为关注，因此，小红书博主要善于激发用户的好奇心	将话说一半，留下悬念，或者制造神秘，引发联想
提供价值	通过向用户提供有价值的信息，提升自身在用户心中的分量，吸引用户关注	记住这十点，你会越活越年轻、越活越美丽
利用名人效应	通过蹭名人、明星的热度，吸引关注名人、明星的用户关注内容，参与评论	和明星合照，与名人进行对话，与大咖在评论区互动
触达痛点	通过将目标用户较为关注的痛点信息融入内容中，吸引用户眼球，激发用户的互动积极性	孩子成绩不好？并不是孩子笨，而是你没夸对

第6章

点击超 10 万次爆款视频的六个打造秘诀

随着视频内容人气快速高涨，视频笔记在小红书笔记整体内容中的占比也变得越来越大，成为很多用户“冲浪”的心头好。因此，对于小红书博主而言，视频是一个超级重要的吸粉引流阵地，是必须攻克的爆款堡垒。

6.1 一个百万次点击的视频背后必然有个好脚本

脚本是小红书博主拍摄视频的依据，故事情节走向、镜头运用、景物环境、服装道具等都会体现在脚本中。可见，视频脚本类似于电影、电视剧的剧本，其作用在于提前统筹安排好每个人物要做的事情、要说的话。

6.1.1 编写完整剧情

编写视频脚本的第一步是构建出完整的剧情，如此小红书博主才能快速明确主题，彰显视频价值。通常情况下，小红书博主可以通过“总分总”的叙事模式来编写剧情，构建框架。

（1）明确事件，阐明主题（总）。由于视频特别是短视频播放时间较短，小红书博主不可能在开始时花费太多时间做铺垫，而且大部分用户如果短时间内看不出视频主题便会放弃。因此小红书博主必须在一开始便说出主题。这就要求小红书博主在编写脚本的时候，快速明确人物身份和场景细节。

例如，某小红书博主打算拍摄一个展现父子亲情的15秒短视频，其所编写的视频脚本如下：

工作了一天，爸爸迈着疲惫的脚步走进了家，一屁股坐在沙发上。这时，4岁的女儿欢快地跑了过去，两只手里各拿着一个红苹果。

爸爸说：“你有两个红苹果，给爸爸吃一个好不好？”

女儿看了看爸爸，又看了看手里的红苹果，然后低下头在两个红苹果上各咬了一口。

爸爸看了之后，心里产生了强烈的失落感。

女儿将苹果咽下后，然后将右手拿的苹果递到爸爸眼前，大声说道：“这个更甜，爸爸你吃！”

爸爸听后眼睛一红，抱住了女儿，他觉得这是人生中吃过的最甜的苹果！

这个视频脚本从一开始便进入了主题，爸爸和女儿的身份设定表明这个视频想要表达的是亲情的力量。

（2）详细叙事，导出价值（分）。点出主题后，脚本接下来就需要详细叙事，通过具体的叙事导出价值，强化主题。比如上面的视频脚本，爸爸想要女儿给自己一个苹果，但是女儿却在两个苹果上各咬了一口，在爸爸眼中，这种行为是在宣示主权，因此他非常失落。但是接下来的情节走向却出现了转折，原来女儿是在替爸爸选苹果，想把更甜的送给爸爸。通过详细叙述，亲情主题变得更加形象生动、更感人，让用户体验到了孝心的无价，继而在心中留下深刻印象。

（3）结尾，强化价值观（总）。详细叙述后，脚本就到了结尾部分，这时小红书博主需将想要向用户传递的价值观呈现出来，产生画龙点睛的作用。还是以小女孩为爸爸品尝苹果这个视频脚本为例，“爸爸听后眼睛一红，抱住了女儿，他觉得这是人生中吃过的最甜的苹果”，简短一句话，却突出了孝心的可贵，也引发了用户的反思：我是否也这样孝敬过父母，有没有将更好的东西留给爸爸妈妈？

6.1.2 设定人物和场景

视频脚本除了要有完整的剧情框架外，还需要有详细的人物刻画和场景布置，这样才能推动剧情发展，突出主题和价值观。

（1）人物刻画。通过详细的人物语言、表情和肢体动作等表现出人物的性格特征，推动情节发展，强化某种价值观。比如在小女孩为爸爸品尝苹果这个视频脚本中，为了家人终日在外奔波的爸爸，回家后肯定极度渴望家人的关怀。随着故事情节的发展，爸爸的表情也演绎了“疲惫—期待—沮丧—感动”，这种表情上的变化又大大强化了视频“孝心无价”的主题和价值导向。

（2）场景布置。在视频中，除了人物刻画外，场景布置也是非常重要的，好的场景不仅能够强化人物的性格特征，还能积极推动故事情节的发展。

布置场景需要贴合故事内容和人物性格，同时要有可行性。比如在小女孩为爸爸品尝苹果这个视频脚本中，创作者可设置这样的场景：60平方米的小房子，老式沙发，背后的台灯照射出暖暖的灯光。这样的场景能凸显亲情的巨大力量和孝心的珍贵。假如创作者将场景布置为“华丽的别墅、阔气的沙发、明亮刺眼的白光、豪华的地毯”，这样的场景显然同剧情发展格格不入。

6.1.3 设定台词和旁白

有了人物，就必须有台词；有了场景，还需要有旁白。因此，在脚本中，创作者必须设定台词和旁白。

在设计台词时，小红书博主只要将人物间的对话分别记录下来便可。但需要注意的是，台词的设定不可随性而为，而是要遵循一定的原则，如图6-1所示。

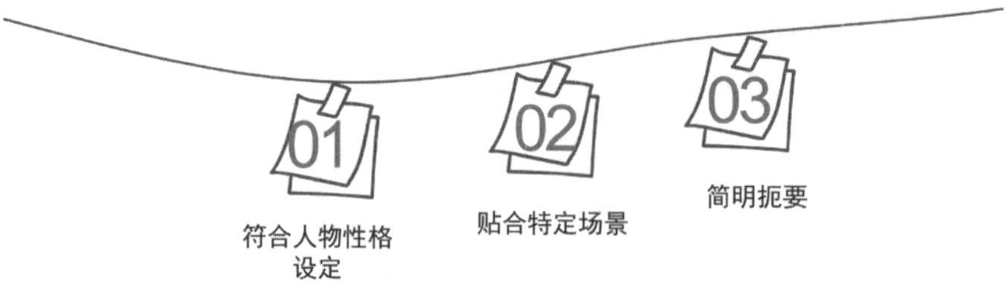

图 6-1 台词设定原则

除了人物对话外，脚本旁白设定得好，也能强化人物的性格，突出视频主题。在设计旁白时，小红书博主也需要遵循一定的原则，如图6-2所示。

1 揭示人物心理状态

2 明确故事情节走向

3 强化主流价值取向

图 6-2　旁白设计原则

6.2　封面吸睛，点击率才高

在很多年轻人眼中，颜值决定一切，因此在小红书上“冲浪”时，看到亮丽的封面，他们总会忍不住点击。因此，小红书上一篇爆款视频笔记的诞生，几乎都是从一张亮丽的封面开始的。

6.2.1　画面要展现内容卖点

小红书博主发布的视频和电商平台上的商品类似，商品的卖点越鲜明，越能在第一时间吸引用户的眼球，刺激他们购买的欲望。同样的道理，视频内容亮点越突出，视频对用户的吸引力就越强，用户点击观看的欲望就越强。因此，小红书博主在发布视频时，封面需要有足够的内容卖点，能够让用户看到的第一眼就知道视频想要表达的主题是什么。

小红书博主“程菲菲”，在学生寒假到来之时，发布了一篇名为《当代青年放假现状》的视频笔记，12小时内便获得了14.4万个赞。这篇视频笔记如此火爆，除了其选题切中青年假期痛点，引发用户共鸣之外，还与其吸睛封面有着很大关系。

和其他小红书博主随便将内容的某一片段作为封面不同，小红书博主“程菲菲”专门为这篇视频笔记设计了一个幽默力和场景感十足的封面：放假在家的主角在尽情地玩着游戏，母亲手持鸡毛掸子张牙舞爪地出现在门口。这个封面非常形象地向用户展示了视频内容亮点：当代青年放假回家后，母亲不仅是老师，还是老板!

那么在具体操作中，小红书博主如何提炼内容的亮点呢？有两种方法，如表6-1所示。

表6-1　提炼内容亮点的方法

方法	内容	举例
提炼创意点	年轻人喜欢新奇有创意的内容，将内容中的创意点提炼到封面中，能够显著提升吸引力	以棒球棍作为辅导写作业的视频的封面，强调威慑力
展示痛点	封面就是痛点，让人看了一眼就被代入进去不能自拔，就迫切地点击，想要找到解决方案	爸爸的大型“双标”现场，女儿吃鸡腿，儿子啃鸡脖

有了上述案例这样的“脸面”，用户点击观看视频笔记的欲望自然会被无限地放大。所以，封面必须结合输出内容展现出亮点，让用户在第一时间便喜欢上你的视频。

6.2.2　点睛文字拨动用户心弦

小红书视频笔记的封面除了可以利用内容卖点来吸引用户眼球外，还可以利用文字精准地向用户传递价值，提升用户对视频的期待感，继而无限放大他们观看视频的欲望。

通常而言，视频笔记封面文字主要有三个作用，如图6-3所示。

图6-3　视频笔记封面文字的三个作用

也就是说，封面文字设计得当，可以有效地强化视频标签，放大视频在用户眼中的价值，继而大大提升视频对用户的吸引力。

再厉害的肖邦，也弹不出本小姐的悲伤。

其实，我一直站在你身后，只是你不懂得回头。

后来，我嫁给了生活，他娶了前程。

你看我还有几分像从前？

挑战，男友不让穿的衣服！

在大学，就知道这些，该多好！

自律，怎么像呼吸一样简单？

这些封面文字，或展现视频的风格基调，或直接点明内容亮点，或挑明想要告诉用户的秘密，或传递某一方面的感悟和经验……这些文字显然能够成倍放大视频在用户眼中的价值，在第一时间吸引用户眼球。

但需要注意的是，博主无法利用小红书直接为视频设计封面文字——小红书博主可以利用第三方的软件工具来给视频封面加文字。

以爱剪辑软件为例，小红书博主需要打开爱剪辑软件，添加之前拍摄的视频，然后点击字幕特效，就可以为视频添加文字。另外，小红书博主还可以给视频加入一些贴图，或者加上图片等。这样，小红书博主上传视频后，便可选择有文字对白的图片作为封面。

6.2.3 强化创意，让用户一见钟情

人都喜新厌旧，对新奇的东西天生就充满了一种强烈的探索欲望，而创意的本质就是在现实存在的理解和认知基础上，赋予事物一种新的思维和意识。因此越有创意的视频封面越容易吸引用户的眼球，刺激用户点击。

在设计视频封面时，小红书博主可以结合视频的具体内容灵活使用四种方法，以打造特别的创意，激发用户的关注热情，如表6-2所示。

表6-2 打造视频封面创意的方法

方法	内容	举例
借代	封面创意的借代手法是指采用其他有共性的元素来替代经常使用的元素，继而将抽象的问题形象化，最终实现情感上的共鸣	用蝴蝶的翅膀遮挡美女的半张脸，以动物的美丽部位替代人类的美丽部分，在用户眼中自然更有创意，更值得点击观看
同构	同构是指博主通过大胆创造和想象，在同一画面中将两个或两个以上带有独立意义的图形按照一定的规律加以构成、排列和融合，组成新的图形	足球和汽车同构，数字和大桥同构，等等。同构封面既能精准地表现出视频内容的主题，又能激发和扩大用户的想象空间，令用户产生更加强烈的观看欲望
图形化	正所谓“书画同源”，文字本身便具有图形的外观，因此可使用文字图形化的方法提升封面的创意感，吸引用户关注	用文字组合成图形，用图形组合成文字，将文字意象化处理
夸张	将对象的特点、个性中某一方面无限放大，继而让用户产生一种新奇的视觉感受	放大功效、放大细节、进行表情特写等，都可以快速抓住用户眼球

6.3 用好光线，拍出大片感

在视频拍摄过程中，光线是决定视频品质的重要因素：合理的光线设置能够令视频看起来光影鲜明，更具画面感和代入感，给用户留下更深刻的印象；反之，光线设置不当，则会令视频画质模糊不清，人或物丧失辨识度，令用户看一眼就离开。

6.3.1 主光

在拍摄视频时，主光源是场景中最基本的光源，其他的灯光在场景中都只能起到辅助作用。主光运用得当，小红书博主拍摄出来的视频才会更具视觉冲击力。

（1）自然光。自然光是最好的主光源，它时而明亮强烈，时而暗淡柔和；色调有时温暖，有时冷峻幽暗；有时笔直照射，能够制造出长长的影子，有时漫射，使得阴影无处躲藏。你可以利用自然光构建良好的光影拍摄场景，为用户构建极具视觉冲击的效果。

（2）柔光灯箱。通常，拍摄现场所使用的主光都是由柔光灯箱发出来的，因为这种光线相对而言较为均匀，控制起来比较方便，因此经常被用来照亮被拍摄对象的轮廓。

（3）摄像机和主光源间的距离要适中。在拍摄视频时，摄像机要尽可能地避免靠近主光源，否则会使拍摄出来的人或物看起来平淡无奇，缺少特色和想象空间。

小红书博主“宋仁投”发布的一篇人气视频笔记，发布后12小时内便被点赞12万次，被收藏6.1万次。这篇视频笔记之所以能够火起来，除了“网购大瞎买啥啥不行”的搞笑人设和创意外，还和其巧妙的主光设置营造出的光影场景有很大关系——小红书博主“宋仁投”利用室内灯光巧妙地构建出一种由明向暗过渡的光影层次感，为视频增加了更强烈的戏剧效果，如图6-4所示。

图 6-4 “宋仁投”发布的视频笔记截图

6.3.2 辅助光

所谓辅助光，是相对于主光而言，起到辅助作用的光线。相对而言，辅助光的创建比较容易，比如手机屏幕就可以作为辅助光源。辅助光在视频拍摄中的作用是对主光源造成的阴影进行补充照明，从而使视频中人或物的阴影变得浅淡，看起来更舒服，更具艺术感。

（1）辅助光源一般都放置在同主光源相反的一面，在亮度上要比主光源弱。为了方便，辅助光源可以固定在天花板或者墙上，之后通过调整输出功率的方法来控制阴影的深浅。

（2）获得辅助光和主光的最佳光比。小红书博主需要反复调节辅助光和主光之间的光比，构建最适合视频拍摄的光影场景，营造出最佳视觉效果。

6.3.3 背光

背光是从被拍摄对象的侧面或后面照射的光线。熟练运用背光，可以有效地塑造视频中人或物的立体感，让被拍摄对象显得更加突出。

在大多数情况下，被拍摄对象都会和背景拉开一定的距离，这就使得背景比被拍摄对象距离光源更远。因此，背景的亮度相对于被拍摄对象而言往往会更暗淡。假如在这种情况下直接进行拍摄，那么在最终拍摄出来的视频中，被拍摄对象看起来就如同融入黑暗的背景之中，没有任何的立体感。但如果能设置好背光，那么视频中人或物的轮廓就能够完美地呈现在用户眼前，给人以较强的立体感。

（1）巧妙利用太阳光作为背光。在拍摄过程中，直射的太阳光经常会强硬地照亮被拍摄对象，小红书博主可以将之作为背光，让被拍摄对象更具轮廓感和线条美。

（2）从侧面或背面照射被拍摄对象。假如没有太阳光可以利用，那么小红书博主可以使用灯光，从被拍摄对象的侧面或背面进行照射，构建出背光。

6.3.4 反光板

反光板是拍摄时照明用的一种辅助工具，用锡箔纸、白布等材料制成。反光板在拍摄外景时，能够起到辅助照明的作用，有时也可以充当主光使用。反光板分为白色反光板、金色反光板、银色反光板、黑色反光板和柔光板。

反光板主要有以下三个作用：

（1）让平淡的画面看起来更加饱满，更富有立体感，使拍摄出来的视频拥有更好的质感。

（2）可以折射部分光线，让需要突出的细节部分变得更加清晰。

（3）补光柔和，不会造成闪光灯补光带来的尖锐感。

一般情况下，主光和反光板配置在拍摄轴线两侧。想要最大限度地发挥出反光板的作用，可以进行以下三点操作：

（1）角度。反光板配置角度的高低会直接影响被拍摄对象的线条、层次以及直观效果。因此，反光板和被拍摄对象之间的角度选择要适当，要以能够完美地展示被拍摄对象轮廓线条的角度为佳。

（2）强度。虽然反光板不能具体调整光线的输出功率，但是反光板的反光是中心区域最亮，越往边缘越暗，而且是相对比较均匀的。因此在使用反光板的时候，利用好这个亮度递减区域，就可以制造出想要的光线效果。

（3）数量。使用反光板进行拍摄时，最好能够使用两块以上的反光板——其中一块在通常的高度上补光，另一块放到低一些的角度，也可以近一些，冲淡被拍摄对象的阴影，使其更具立体感。

6.4 选好视角，打造视觉冲击

拍摄视频时，还必须注意视角的选择，一个恰当的视角能够清晰地传达出人或物在某个场景中的作用，快速明确主题；反之，视角选择不当，不仅会导致视频画质受到影响，还会令人或物展现受限，情感渲染失去力度，在用户眼中便毫无吸引力。

6.4.1 平摄+仰摄+俯摄

摄像机和被拍摄对象之间在高度上的差异能够打造出不同的视觉效果，小红书博主可以根据预想的视觉效果灵活调整摄像机的高度，使最终拍摄出来的视频对目标用户更有视觉吸引力。

平摄

平摄是指摄像机和被拍摄对象处于同一水平线上。这种拍摄视角和人们日常生活中观察事物的视角一致，所拍摄的对象在形象上更加饱满，不容易变形。需要注意的是，平摄视角运用得过多，可能会让拍摄画面显得比较呆板，如图6-5所示。

（1）正面：镜头光轴与被拍摄对象“面对面”。

（2）侧面：从与被拍摄对象视平线成直角的方向进行拍摄。

（3）斜面：介于正面和侧面之间的拍摄视角。

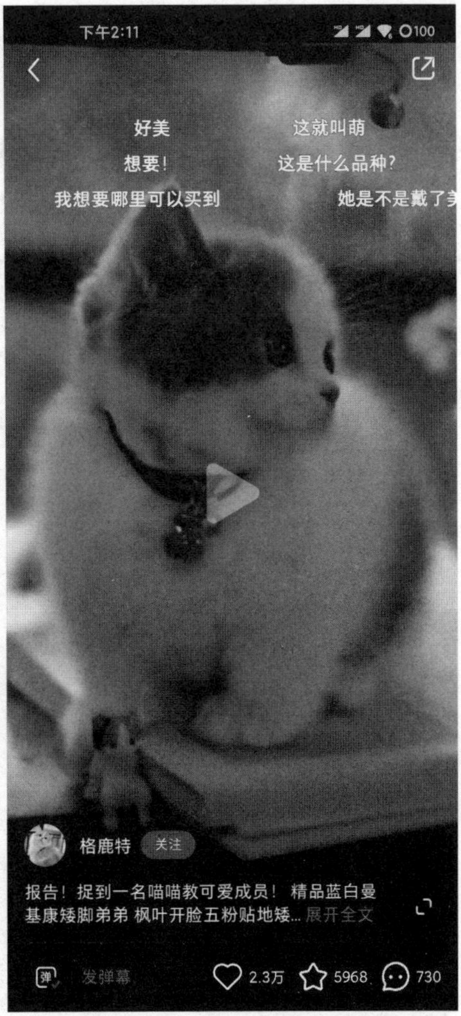

图 6-5　平摄视角拍摄的视频截图

仰摄

仰摄，即所谓的“仰拍”，是指在拍摄视频的时候，摄像机从低处向上拍摄。在拍摄视频时，仰摄视角适合拍摄高处的人或物，能够让被拍摄的人或物看起来更加高大雄伟，凸显其高度和气势。

因为透视的关系，仰视会使得画面中水平线降低，前景和后景中的人或物在高度上的对比随之发生变化，从而使得处于前景的人或物被突出和夸大，最终打造出强烈的视觉冲击效果，如图6-6所示。

（1）30度仰拍。虽然30度的仰角并不是特别大，但是相对于平视而言，因为透视的关系，拍摄出来的人或物体还是比平视拍出来的显得高大。

（2）45度仰拍。45度仰拍的人或物相比30度仰拍显得更加高大、雄伟。

（3）60度仰拍。60度仰拍的人或物看起来更为高大、庄严的同时，还避免了底面背景中的杂乱因素，将背景延伸到了天空，从而给用户呈现出一个整洁的画面。

（4）90度仰拍。这种仰拍要站到被拍摄对象垂直的中心点下方拍摄，不然，画面就会显得歪歪扭扭。

图 6-6　仰视视角拍摄的视频截图

俯摄

俯摄，即所谓的“俯拍”，是指拍摄视频时，摄像机从高处向下拍摄。俯拍的视角能够让视频的视角看起来更加开阔，经常用来表现浩大的场景，展示人物的方位和阵势。俯拍出来的画面往往会带给用户一种居高临下的深远辽阔的感觉，如图6-7所示。

（1）占据制高点。正所谓“站得高，看得远”，想要拍摄出更为广阔的风景，小红书博主就必须占领制高点。比如，想要拍摄城市风光，就需要登上高楼大厦向下俯拍；想要拍摄田野风光，就需要爬上山坡向下拍摄。

（2）依靠相机支架俯拍。当你身处比较平阔的环境找不到制高点的时候，可以利用三脚架或者独脚架放置摄像机进行俯拍。这时，哪怕上升的高度有限，也能拍摄出视角独特的画面。

（3）弯腰俯身拍摄。假如视频的题材比较特殊，场面不够广阔，可以俯身拍摄，也能创造出比较大的俯角，拍摄视角比较独特。

（4）使用广角镜头。众所周知，摄像机的镜头视角越宽，其所能涵盖的场景就越大，因此，当小红书博主的摄像机选择广角镜头并从较高的视点拍摄时，就能将被拍摄的对象以及壮丽的背景风光都囊括到视频中。

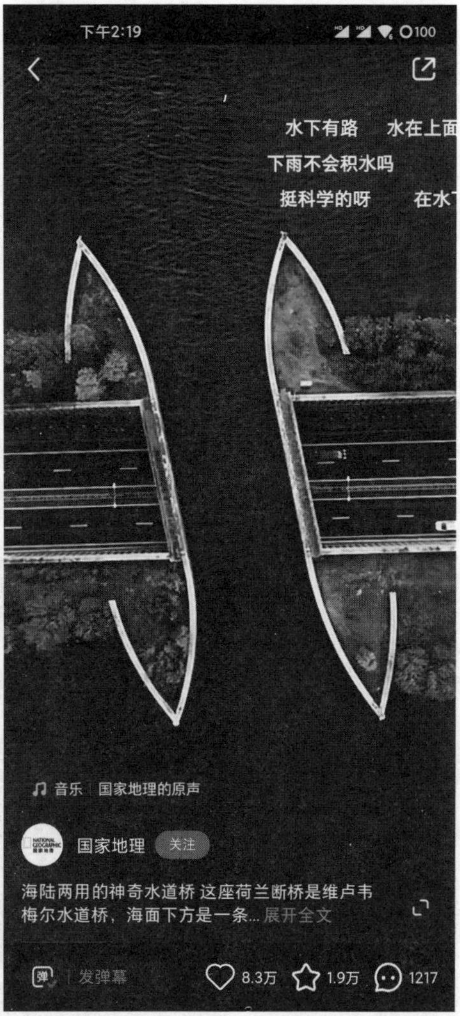

图 6-7　俯拍视角拍摄的视频截图

（5）利用飞行工具在高空进行俯拍。小红书博主可以利用无人机、热气球、飞艇、小型飞机等进行高空俯拍，这样可以将更广阔的空间收纳进镜头，向用户展示更为壮丽的画面。但需要注意的是，高空俯拍下的人物会显得极为矮小压抑，所以在表现人和人之间细致的情感交流时，不适宜使用这种拍摄角度。

6.4.2 正拍+侧拍+背拍

除了摄像高度可以影响到视频的视觉效果外，摄像方向也会在很大程度上影响到视频的视觉效果。因此，小红书博主需要根据期望达到的视觉效果选择最适合的摄像方向。

正向拍摄

所谓“正向拍摄”，是指摄像机和被拍摄对象正面成垂直的拍摄位置，可以凸显被拍摄对象的特点、特色，使其更容易在用户心中留下深刻的印象。

熟练运用正向拍摄，你的视频才能更好地展现被拍摄对象的正面特征，诸如女性的高颜值、男性面孔的坚毅、建筑的高大庄严、宠物的可爱等，如图6–8所示。

图 6–8 正向拍摄的视频截图

（1）面对面拍摄。摄像机与被拍摄的人和物面对面，捕捉其具体的特征。

（2）站在被拍摄对象的对称线上拍摄。当被拍摄对象体积比较大时，你可以站在其对称线上进行拍摄，这样更容易拍出对方的正面特征，构建良好的视觉效果。

侧向拍摄

侧向拍摄可以具体划分为正侧方向拍摄和斜侧方向拍摄两种。

（1）正侧方向拍摄，是指在摄像机镜头和被拍摄对象正面方向成90度角的位置上进行拍摄。正侧方向拍摄能够看清被拍摄对象的外部轮廓特征，使其在视觉上更富于变化，更具线条美、朦胧美。

小红书博主“我是大星星”发布的一篇人气视频笔记就采用了正侧方向拍摄——从正侧面拍摄的自身的一次高难度起跳。正侧方向拍摄将起跳过程中的完美线条展现在了用户眼前，引发了用户一片惊叹，视频笔记发布后1天内收获了10万多个用户点赞，吸引了2000多个用户在评论区互动。

（2）斜侧方向拍摄，是指摄像机偏离正面角度，或左或右环绕被拍摄对象移动到正侧方向之间的拍摄位置。斜侧方向既能够表现被拍摄对象正面或侧面的形象特征，又能让被拍摄对象看起来更富有变化，能够更鲜明地展现被拍摄对象的立体形态。

背面方向拍摄

所谓“背面方向拍摄”，是指从拍摄对象的背后即正后方角度进行拍摄。在进行背面方向拍摄时，用户不能直接看到视频中所拍人物的面部表情，只能凭借想象进行猜测。因此采用这种视角拍摄出来的视频，往往能够激发用户的好奇心，快速提升视频笔记的人气。

小红书博主“你是大大槐”发布的一篇视频笔记便采用了背面方向拍摄的视角——视频中四位高挑美女在小雨中的背影，留给了用户无限的想象空间，极大地激发了用户的好奇心和探究欲。因此这一视频发布后3小时内便收获了12.1万个赞，吸引了1.1万用户在评论区互动。

6.5 巧运镜，提升视频吸引力

拍摄视频时，有很多种镜头的运动方式，其中推、拉、摇、移四种镜头运动方式是视频拍摄中最常用的，也是视频创作中必不可少的拍摄方法。学会运用镜头运动方式进行拍摄，对提升视频质量有非常大的帮助。

6.5.1 推镜头的拍摄方法

推镜头，是指人物的位置不动，镜头由远及近向被摄的物体推进拍摄，逐渐推成人物近景或特写的镜头。这里人物的位置不动的意思是人物在原地一个水平面上不动或移动（拍摄中并没有人物完全不动的情况），然后摄影机从远景变换到中景，再到近景，最后到特写镜头。

摄影机最后的镜头落脚点，要根据视频稿本的聚焦点决定。比如，小红书博主要用推镜头的运镜方式刻画出一个人物的性格，突出其坚毅，最后镜头便可以是人物的面部表情特写。

镜头的运动方法是在人物不动的前提下，镜头向前匀速运动或者不匀速运动（运动速度也与你想让此镜头表达的意义有关）。想让镜头发生运动，就必须让机位向前移动，那么小红书博主如何让机位向前移动呢？摄影师拍摄电影时，一般都会铺设运动轨道进行拍摄。轨道上是影视摄影车，由多人辅助操作进行拍摄。但小红书博主拍摄视频时，受预算限制，没有大剧组的制作器材及人手，又该如何解决这个问题？其实很简单，小红书博主可以使用移动的三脚架拍摄或用货运平板车拍摄。但是，要注意做好视频防抖工作和保持直线运动。

6.5.2 拉镜头的拍摄方法

拉镜头，是指人物在原地不动，摄影机往后移动机位拍摄，逐渐远离被拍摄对象。这里说的人物在原地不动并不是说完全不动。

小红书博主拍摄拉镜头时可使用移动三脚架进行拍摄，拍摄前设置好取景构图的高度，将摄影机和三脚架连接好。拍摄时，画面是一个局部的特写或者近景镜头，然后通过摄影机匀速向后运动，画面的景别不断扩大。往后移动拉到大景别后为画面的落幅，如此能使用户对局部所处环境产生好奇心。

这种拍摄手法常用于搞笑类视频的拍摄。比如，前几年很火的《屌丝男士》《陈翔六点半》等便采用了这种手法。很多搞笑视频都是用这样的拍摄方法拍摄的。当画面拉到大景别时，便会营造出强烈的视觉反差效果，让用户忍俊不禁。小红书博主也可用拉镜头作为结尾性镜头，比如拍摄一家三口在海边游玩的镜头，从近景到远景，同时配合上升镜头，便会营造出一种美好氛围，为视频注入温馨情调。

6.5.3 摇镜头的拍摄方法

摇镜头的拍摄方法，是指摄影机机位在原地固定不动，通过辅助设备三脚架，摄影机在原地做360度的旋转或上下升降运动。

摇镜头的拍摄方法十分方便，它不需要移动摄影机，只需借助三脚架的旋转云台即可完成。拍摄时使用的镜头根据小红书博主想重点展现的物体而定，如要拍摄一个人物迎面走过来的镜头，使用长焦拍摄，可以强化人物的动作特征，如果只是想交代环境的开阔，那么就可以使用广角镜头进行拍摄。

摇镜头多被用来展现人物的视角，比如某个人物被眼前的风景所吸引，那么画面上一秒是人物的眼睛，下一秒就要接摇镜头，代表人物的“眼睛”，同时能表现出人物看到风景的心情。另外，摇镜头还可以模拟望远镜的视角。

拍摄视频时，小红书博主可使用摇镜头交代环境，在某些调查暗访视频中，也可以用类似的拍摄方法。

6.5.4 移镜头的拍摄方法

移镜头的拍摄方法，是指摄影机和拍摄对象一起移动拍摄，这种拍摄手法最为常见，比如百米赛跑中，运动员从开始跑步到结束，摄影机始终都跟随着运动员一起运动。

既然摄影机是跟随拍摄对象一起运动的，那么小红书博主采用移镜头拍摄时就需要用到移动三脚架或滑轨。拍摄时注意运动的速度要始终和拍摄对象保持同步，拍摄对象停止运动，摄影机也需要停止运动。

6.6 学会转场，拍出大制作

想要将视频拍出大片感，转场是必不可少的剪辑技巧。巧妙的转场，能够将场景顺畅地串联起来，令时间和空间的转化变得更加自然、更为有趣。因此，视频笔记想要大火特火，小红书博主必须熟练地掌握转场技巧。

6.6.1 淡入淡出转场

淡入淡出转场，即上一个镜头的画面由明转暗，直至黑场，下一个镜头的画面由暗转明，逐渐显现直至正常的亮度。简言之，淡入淡出就是两个镜头组接，淡入是第二个镜头的开始，淡出是第一个镜头的结束。

具体剪辑时，小红书博主可以根据想要营造的效果灵活选择三种淡入淡出转场的方法，如表6–3所示。

表6–3 淡入淡出转场的方法

使用方法	内容	举例
淡入	画面由黑变亮，通常用在视频的第一个镜头，营造强烈的代入感	视频开始时，先是一片黑暗，慢慢由黑转亮，显示出一张靓丽的脸
淡入+淡出	视频中两种剧情衔接时，上一个镜头由明到暗，下一个镜头由暗到明	上一个镜头，她端着酒杯一饮而尽；下一个镜头，她踉踉跄跄地走在大街上

（续表）

使用方法	内容	举例
淡出	画面从亮到全黑，这种用法可以放在剧情结束时的最后一个镜头	一只白鹤慢慢远去，画面由明亮慢慢变为全黑

淡出与淡入画面的长度，一般各为两秒，但在实际剪辑时，应根据视频的情节、情绪、节奏的要求来决定。有些视频中淡出与淡入之间还有一段黑场，给人一种间歇感，以引发用户进行深刻的思考。

6.6.2 叠化转场

叠化转场，指前一个镜头的画面与后一个镜头的画面相叠加，前一个镜头的画面逐渐暗淡隐去，后一个镜头的画面逐渐显现并清晰的过程。

一般来讲，叠化转场主要有以下三个作用，如图6–9所示。

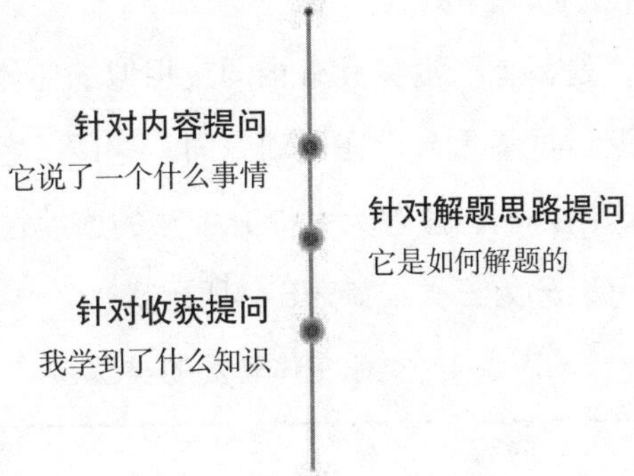

图 6–9 叠化转场的三个作用

通常而言，小红书博主可以采用叠化转场的方式抒发某种情感，如甜蜜、幸福、悲伤、忧郁、快乐等。在使用时，运用正常叠化即可，假如想要表达更加强烈的情感，小红书博主可以适当调节叠化速度。

另外，在叠化转场时，前后两个镜头会有几秒的重叠，这几秒的重叠能够呈现柔和舒缓的表现效果。所以当镜头质量不佳时，可以借助这种转场来掩盖镜头的缺陷。

6.6.3 划像转场

划像转场，是指两个画面之间的渐变过渡，分为划出与划入，划出指的是前一画面从某一方向退出荧屏，划入指的是下一个画面从某一方向进入荧屏。在过渡的过程中，视频画面被某种形状的分界线分隔，分界线一侧是画面1，另一侧是画面2，随着分界线的移动，画面2会逐渐取代画面1。

划出与划入的形式多种多样，根据画面进出荧屏的方向不同，可分为横划、竖划、对角线划等（我们常见的Pr、FCP等剪辑软件有大量的划像转场预置）。需要注意的是，因为划像的效果非常明显，所以划像一般用于两个内容意义差别较大的段落转换。

6.6.4 类似主体转场

类似主体转场，是指上下镜头具有相同或相似的主体形象，或者两个镜头中的物体形状相近、位置重合，在运动方向、速度、色彩等方面具有一致性。类似主体转场运用得当，能够大大提升视频的连续性。

类似主体转场可以分为三类，如表6-4所示。

表6-4 类似主体转场的类型

类型	内容	举例
主体相同	上下相接镜头中的主体相同，通过主体的运动或出画入画完成时空转变	上一个镜头在果园采摘苹果，下一个镜头挑选苹果特写，但地点变为农贸市场
主体同类	上下两个镜头之间的主体是同一类物体，但并非同一个	上一个镜头以玻璃杯淡出，下一个镜头以人物手里的保温杯淡入
主体相似	上下镜头中主体在外形上具有相似性	前一个镜头落在一轮月亮上，后一个镜头落在一个圆镜上

6.6.5 遮挡镜头转场

遮挡镜头转场，是指在上一个镜头接近结束时，镜头被画面内某个形象暂时遮挡，下一个镜头时，遮挡镜头的形象又从摄像机前走开，继而实现场合的转换。上下两个相接镜头的形象既可以相同，也可以不同。

根据遮挡方式的不同，遮挡镜头转场可以分为两种形式，如表6-5所示。

表6-5 遮挡镜头转场的形式

形式	内容	举例
迎面遮挡	主体迎面而来遮挡摄像机镜头，形成暂时的黑画面	人物身影越来越近，遮住了镜头，离开时，画面切换到办公室
前景遮后景	画面内前景暂时挡住画面内其他形象，成为覆盖画面的唯一形象	前一个镜头闪过的汽车出现在下一个镜头中，挡住了人物的出场路线

用这种方法转场，能给观众带来较强的视觉冲击，还可以营造视觉上的悬念，同时能使画面的节奏紧凑。如果上下两个画面的主体是同一个，还能使主体本身得到强调和突出。

第7章

直播在左，话术在右

随着移动互联技术的快速发展，小红书也迅速被直播攻城略地，成了年轻人展现自我、寻找人生价值的舞台。对于小红书博主而言，直播带货是快速完成流量变现的一个极佳途径，而直播是否受欢迎和会不会说话有着直接的关系。

7.1 做好筹备，打铁还需自身硬

直播并非打开镜头直接说话或者摇摇头、扭扭腰便可获得用户的关注和认同。所谓“台上一分钟，台下十年功”，一个受用户欢迎的小红书博主，在直播前，会做好相应的准备工作，待到万事俱备时再开启自己的直播之旅。

7.1.1 直播间必备工具：手机+支架+补光灯

一个设置合理、功能完善的直播间是确保直播顺利高效进行的关键。一个功能完善的直播间必须具备三个基础工具，即手机、支架和补光灯。因此，小红书博主在打造自己的直播间时，首先要选好这三个工具。

手机

直播间最基础的设备是一台高像素的智能手机，手机的配置会直接影响直播画面的品质。因此，小红书博主在选择手机时，需要用心再用心。

手机拍摄清不清晰，摄像头是关键。因此，小红书博主在选择手机时，要特别注意摄像头的选择，如表7-1所示。

表7-1 手机摄像头选择的标准

标准	内容
镜头像素要高	像素是手机拍摄效果的最直接的体现，在其他元件、参数和系统优化相差不大的情况下，像素越高，小红书博主直播时的画面就越清晰
镜头品牌排名靠前	镜头是手机相机的眼睛，直接影响成像品质。当前，镜头品质优劣差距较大，莱卡、蔡司、佳能、尼康等镜头品牌排名较为靠前

（续表）

标准	内容
镜头镜片要多	当前手机相机的镜片大多为5～6片，通常情况下，相机镜片越多，成像效果越好，直播时画质便越清晰
光圈f值要小	光圈是一个控制镜头进光量的装置，通常用f值来表征其大小。光圈f值小，意味着画面亮度增强，拍摄效果更好
堆栈式传感器最好	当前手机上的传感器主要有前照式、背照式和堆栈式三种。从成像效果来看，可以简单地理解为：堆栈式＞背照式＞前照式
防抖等级要高	手机防抖功能可以降低抖动造成的影像不稳定。当前智能手机上用得最多的是OIS光学防抖，防抖等级越高，防抖效果越好

支架

直播间除了需要一款性能卓越的智能手机之外，还需要能够让小红书博主双手解放的支架。要想直播效果好，需要小红书博主全面发挥，假如手里拿着一部手机，会在很大程度上影响小红书博主的发挥。除此之外，支架还能起到稳定作用，保证手机镜头不摇晃，且还可以上下、远近调节视角和距离，堪称直播间必备神器。

具体而言，适合直播用的支架主要有三类，分别为桌面三角支架、悬臂支架、落地支架，如表7-2所示。

表7-2　支架的种类

种类	优点	缺点
桌面三角支架	稳定性较强，且价格便宜	比较占空间
悬臂支架	可以拉升，方便调节高度、远近，灵活性强	价格较高，携带不方便
落地支架	高度可以调节，可360度旋转，承重能力强	价格较高，体积较大

小红书博主可以根据自身需求和经济实力，合理为直播间配备手机支架，以便获得更优质的直播视角和更稳定的直播画质。

补光灯

补光灯，顾名思义，主要作用是为直播间补充光线，提升人物或产品在镜头中的颜值，让出镜人物看起来更光鲜，或让产品看起来更有质感。

适合直播间使用的补光灯主要有两种，分别为环形补光灯和灯箱。

（1）环形补光灯相当于一个发光面，照射出来的光比较均匀，能够让小红书博主脸部或产品表面均匀受光，从而让博主的脸部皮肤看起来有光泽，或让产品看起来更有质感。

（2）灯箱可以调节直播间光线的色温、亮度，操作较简单。合理使用灯箱，能够让小红书博主或产品更明艳、更富光影感。

7.1.2 布置好直播间背景，渲染气氛

小红书博主在搭建直播间时，背景是一个绝对不能忽视的方面。很多时候，一个合适的背景能够将小红书博主衬托得更专业，让产品看起来更有质感。反之，杂乱无章偏离直播主题的背景，则会让直播看起来不伦不类，丝毫激发不了用户的互动激情。因此，小红书博主在布置直播间背景时，需要遵循一定的原则。

原则一：简洁

简洁的背景在渲染直播间氛围的同时，又不和小红书博主或产品“争宠”，不分散用户的注意力。因此，在布置直播间背景时，小红书博主需要秉承简洁的原则，将背景打造成为直播加分的“绿叶”。

简洁的直播间背景主要表现在两个方面，如表7–3所示。

表7–3　简洁直播间背景的主要表现

表现方面	内容	举例
品类少而精	作为背景的饰品或产品数量上可以多，但是品类上要少而精，因为品类多很容易让人觉得杂乱	以精美的书柜为背景，书柜上陈列古典书籍
以浅色或纯色为主	浅色和纯色能够带给用户一种纯净感，让直播间看起来更温馨，更具吸引力	以鹅黄色、淡粉色、蓝色等窗帘为背景

原则二：相关

背景布置除了要遵循简洁原则外，还需要遵守相关原则。所谓“相关”，是指直播间背景需要和直播内容或带货产品存在某种关联。有了关联，背景在用户眼中才会更自然、顺眼，更具亲和力。

比如，小红书博主要为某个品牌的服饰带货，背景可以是身穿该服饰的美女或帅哥；假如带货产品是各种款式的首饰，那么，以饰品墙作为背景则能起到良好的“站台”作用；假如带货产品是宠物狗，那么，在背景墙上挂几个萌宠布偶则更有吸睛的效果；假如直播和美妆有关，则可以用眼睛、脸部特写图等作为背景。

原则三：个性

直播间的背景布置还需要有个性，能够让用户看了有印象，能记住。简言之，有个性，才能避免同质化，才更具有辨识度。比如专属的logo，印有小红书博主名字的照片、抱枕，等等。

7.1.3　掌握表达力模型

在小红书上开直播，博主的表达力是成功与否的关键——博主表达清晰有效，便能迅速吸引用户，让他们留在直播间。反之，说话非常散漫，抓不到产品要点或用户痛点，直播间人气自然不会高。

那么，在小红书上做直播时，博主如何让自己的表达尽可能有效呢?

答案是掌握表达力模型。很多优秀的小红书博主在直播时能够侃侃而谈，和任何用户都能“聊得来”，介绍产品的时候也逻辑分明，让用户觉得有趣、有味道。这些博主并不是天生就会表达、能说会道，而是他们熟悉表达力模型。

有一位博主在直播时，不管是口红、服饰，还是家具、家电，都能推销出去，一个人创造的销售额堪比一家中型规模的工厂。这位博主之所以能取得如此傲人的带货成绩，除了其良好的个人IP外，还和其精湛的话术有很大关系。

直播前，她会首先为自己列出一份表达行动清单。

目的：这次表达想要得到一个什么结果，是卖产品还是塑造品牌？

内容：以什么内容来说服用户、打动用户，是围绕带货产品讲故事还是拿带货产品与其他产品作比较？

逻辑：以什么独特的逻辑呈现内容，让用户“深以为然”？

反馈：用户的具体反应如何、有哪些问题，根据这些进行有针对性的调整。

通过这份表达行动清单，她的表达便形成了一个有效闭环，可以清楚地将产品卖点展现在用户眼前，快速点燃用户下单的热情。

她的表达行动清单本质上便是一个表达力模型，掌握了它，小红书博主在直播中说出来的话才更有逻辑性和浸透力，才更易激发用户的下单热情。

具体而言，表达力模型主要包含五部分，如表7–4所示。

表7–4 表达力模型

模块	内容	举例
表达目的	博主想要通过表达产生的效果	讲清楚带货手机的卖点和亮点，快速激发用户的消费欲望，最大限度提升用户转化率
表达输入	向用户表述哪些内容才能实现目的	带货手机最大的卖点：堪比相机的高分辨镜头，能够拍出高品质照片和堪比大片效果的短视频

（续表）

模块	内容	举例
思维体系	用独特的思维方式严谨地表达内容	以“人生中的美好需要留下印记”的逻辑打动用户，引导用户对高分辨率镜头手机产生更强烈的消费欲望
表达输出	用具有浸透力的表达方式表达内容	人生大喜时刻需要留下美好的印记，孩子出生的时候掏出手机拍一张，孩子考上大学时掏出手机拍一张，孩子结婚大喜时掏出手机拍一张
用户反馈	每次表达之后用户的反应如何，有针对性地做出调整	很多用户询问手机的微距镜头，小红书博主可以在下次直播时详细讲述微距镜头的运用场景

熟练掌握并运用表达力模型，可以为小红书博主带来三个方面的提升，如图7-1所示。

图7-1　表达力模型的三个作用

7.1.4　做好直播前规划

直播并非一场“说走就走的旅行”，没有清晰的规划，想起什么说什么，一来思维会比较混乱，很难说清楚想要传递给用户的意思；二来啰里啰唆，很容易引发用户的反感。因此，小红书博主需要在直播前做好规划，厘清介绍产品的思路，做好活动的策划。

介绍产品的思路

博主在直播带货时，如何在介绍产品过程中最大限度地避免尬聊呢？如何介绍产品才能凸显其品质，尽可能地在用户心中烙印下深刻印记？想要解决这些问题，在直播准备阶段，小红书博主必须厘清产品的介绍思路。

2020年4月1日晚，素有“中国第一网红”的罗永浩开启了自己的直播带货首秀。罗永浩在直播中延续了自己段子手的风格，话里话外梗多，有趣，看点多。“想听相声的可以出去了，我们是来卖货的”“基本不赚钱，交个朋友”，是罗永浩开播前喊出的口号。对此有用户质疑，不赚钱你做什么带货主播？罗永浩非常耐心地解释，说赚的不是用户的钱，主要是赚取品牌方的推广费。

当然，罗永浩的直播显然并非单纯地和用户交朋友，最主要的目的还是带货，通过向用户推荐产品获得真金白银。罗永浩在介绍产品的时候思路非常清晰，有品牌故事的讲品牌故事，产品成分有亮点的重点讲成分。

通常而言，小红书博主可以根据具体的带货产品，从五个方面进行思考，灵活选择介绍方式，如表7-5所示。

表7-5 介绍产品的五个思维方面

思路	内容	举例
品牌故事	通过向用户讲述带货品牌的创立和发展经历，以故事的形式强化产品在用户眼中的品质	品牌创始人创业的奋斗故事，品牌发展过程中的重大事件等
产品成分	可向用户详细介绍产品的各种成分，并重点放大某一对用户有吸引力的成分，吸引用户关注	含有氨基酸的洗面奶，含有胜肽的精华或面霜等
产品功效	产品具体有哪些功效？可以结合产品展示详细说明，通过强化价值刺激用户消费	化妆品的具体使用方法、实际效果、使用技巧等

（续表）

思路	内容	举例
使用感受	小红书博主在使用产品后，具体有哪些惊艳的感受，有哪些值得分享的使用故事	化妆品使用前皮肤是什么状态，使用后皮肤变成了什么样
核心优势	小红书博主向用户突出讲解产品的核心优势，强化产品在用户心中的价值印记	化妆品超级惊艳的美白属性、超预期的防晒效果等

直播活动的策划

直播中，活动是必不可少的润滑剂，利用得当，博主便能够快速调动起用户的参与感，为直播间导入源源不断的流量。因此，博主需要提前做好活动策划，以最大限度地营造活跃的带货氛围。

比如在推荐小米新款手机时，罗永浩便非常“霸道”地喊了一句“上总裁”，之后小米集团总裁卢伟冰便出现在直播间。罗永浩此后便当起了“用户代言人”，为用户向卢伟冰要红包，最初说定20万元，在罗永浩的力争下，卢伟冰最终发了50万元。这种活动趣味性强、价值感高，显著地提升了直播间的人气和产品的吸引力。

通常而言，直播活动可分为通用活动和专享活动两种。

（1）通用活动。所谓通用活动，是指在每场直播中都可以开展的活动。其特点是通用性较强，使用方便，且效果较好。在策划通用活动时，博主可以将此类活动流程化，每场直播只需固定主要几项活动即可。

一般一场带货直播的通用活动可以分为四步，如图7-2所示。

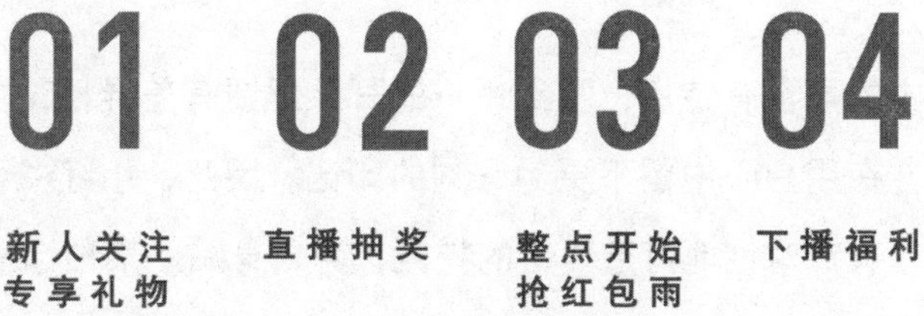

图7-2　带货直播通用活动的四个步骤

（2）专享活动。所谓专享活动，是指博主根据产品特点设计的单场专用活动，其主要特点为针对性强，且力度较大。

专享活动的策划流程，如图7-3所示。

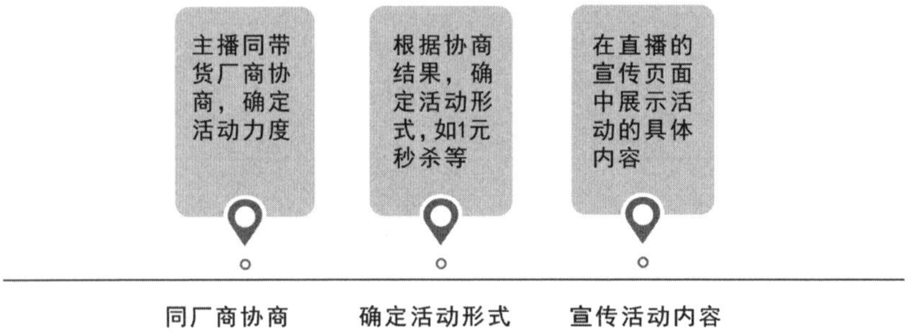

图 7-3　专享活动的策划流程

7.1.5　根据自身特点强化声音辨识度

对于小红书博主而言，一副好嗓子和容貌同样重要，容貌是天生的条件，不容易改变，而嗓音可以通过后天持续锻炼逐渐打造出特色。拥有一副差异化满满的嗓子，博主自身的辨识度自然也会成倍增加，在“爱屋及乌”效应影响下，带货转化率自然也会提升。

有特点才有关注度

明显的南方口音，文艺范满满，但又流露出些许魔性，让人听了快乐满满；

标准的主播音，带着一股独特的沙哑劲儿，如同深藏多年的老酒一样，甘醇久远……

小红书博主的声音有特点，听到用户的耳朵里便有差异性，才更易于吸引用户关注，并在用户心中留下更为深刻的印记。因此，小红书可以结合自身特点、特长，有针对性地打造声音的特色，为自身贴上某种标签。

从事服装生产10年，拥有自己的品牌，通过各地代理、商场等经营大规模批发业务的“东北娜姐”，2022年选择通过小红书直播卖货，一下子火了起来。除了控制出厂价、降低利润的全网最低价优势外，“东北娜姐”之所以能够在高手如云的小红书直播中“出师大捷”，一个最主要的原因是其声音有特点，能够让用户“上瘾”。

“东北娜姐”音色清脆，浓浓的北方口音总是带给人一股子安全感，天生便具有强烈的亲和力。她说的话仿佛带有一种魔力，让用户听到后便想一直听下去，而用户停留时间越长，大家消费的概率便越大，“东北娜姐”卖出去的服装自然就越多。

可见，声音差异化，有标签属性，用户被吸引的概率才会更大，停留时间才会更长。假如声音千篇一律，没有任何特色，对用户的吸引力自然无从谈起。

那么小红书博主如何打造自身声音的特色呢？最简单有效的一个方法是结合自身特点，找到声音差异性，然后放大它，如图7-4所示。

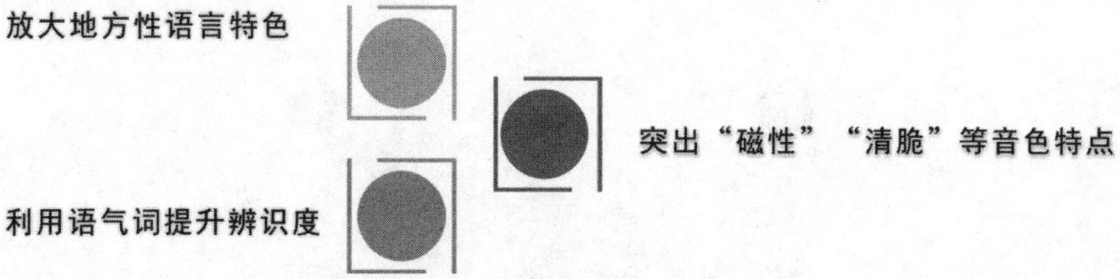

图7-4 结合自身特点打造声音特色

结合定位提升语言辨识度

每位小红书博主都有自己的定位，如邻家小姐姐、“女神”、“小鲜肉”、励志哥、好物推荐官、美食分享家等。定位明确，不仅选品方向清晰，直播时的语言也会更有特点，便很容易吸引目标用户关注，延长他们的观看时间。

因此，根据自身定位有针对性地提升声音辨识度，是小红书博主声音持续进化的有效方法之一。

（1）风格。小红书博主首先要根据自身定位确定语言风格。因为风格是语言差异化的最主要辨识因素，形成了自己的语言风格，用户听后便更易于记住博主，喜欢上博主。

所谓“语言风格”，简言之，就是博主说话时的语言特点，比如有一名女性博主直播时，说话比较随意，语气关切且富有亲和力，时不时展现出来的幽默感，给人一种“邻家大姐姐”的感觉。

因此，博主需要结合自身定位，形成自己的直播语言风格。

比如，定位“教育达人”，小红书博主可以在直播中经常用各种各样的成语，以成语高手作为自己的风格标签；定位“中二”，小红书博主便可以在直播中多使用“猪上树了”“这个小姐姐可以抢回家做老婆”等萌、傻、甜语句。

除此之外，语言风格还和一些非语言信息的展现息息相关，如图7-5所示。

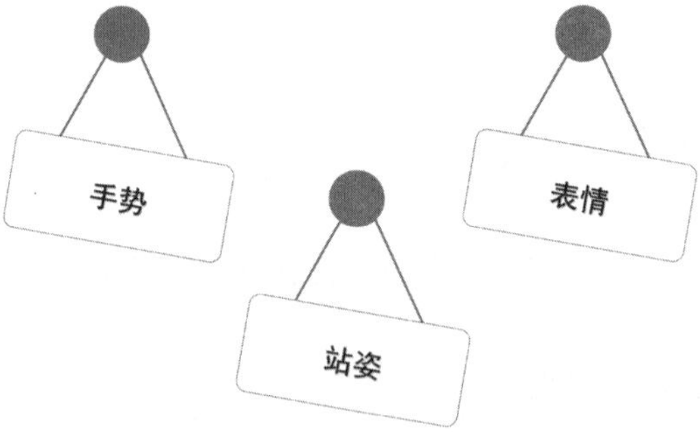

图 7-5　影响语言风格的非语言信息

很多时候，非语言信息传递给用户的信息比语言本身更富有内涵，博主在直播时需要结合自身定位使用恰到好处的手势、站姿和表情。

（2）态度。态度也是博主语言的重要辨识要素，就如同你打电话一样，对方一句“喂”，便能让你品出他是高兴还是生气——假如对方不喜欢接到你的电话，那么声音便会透露出不耐烦；相反，假如对方正期盼着你来电话，那么他的声音便会传递出明显的兴奋感。

因此，小红书博主在直播时也要注意说话的态度，要让自己始终保持足够的热情。假如你情绪不高，讲话的态度便会让用户感到压抑，用户自然不会停留，也就谈不上什么带货成功了。

用户喜欢什么样的说话态度可能因人而异，但最起码你应该做到简单直接又富有亲切感才行，最重要的一点是一定要有激情，以自己的热情影响用户，点燃他们的消费热情。

7.1.6 “角色演绎法”培养热情和专注

众所周知，直播带货中，博主需要持续性地保持热情和专注，才能最大限度“感染”用户，使之同化，因为热情和专注都是可以传染的，当博主时刻以“邻家大姐姐”或者亲哥哥的形象示人并热情似火地向用户提供产品解决方案时，感受到温暖、快乐和尊重的用户自然能够获得优质的体验，下单购物的倾向便会更加强烈。因此，小红书博主可以在直播准备阶段，通过演绎相应的角色提升自己的主播技能。

沟通性角色演绎

小红书博主和助手各设定一个角色，通过彼此间的沟通实现具体角色间的互动，最终通过完美再现角色特点提升自身语言的情感力和专注力。

（1）一对一沟通。小红书博主和助手各设定一个角色，小红书博主是主角，助手是配角，主角和配角对应的角色可以是上下级、师生、博主和用户、博主和品牌商、法官和律师等，通过开展符合各自角色身份的对话提升语言的情感力和专注力。

比如，助手演绎数学老师，小红书博主演绎考试考得不好的学生，彼此之间的沟通可以是这种情景：

数学老师：数学考不好，你以后什么工作都做不好！

学生：老师，您这话不对，我可以去放羊（语气很自豪）！

数学老师：放羊你不数羊？就你这数学水平，能数清楚吗？

学生：我可以放一只（语气坚定）！

通过一对一的角色演绎，小红书博主在投入热情和专注的同时，自然也能更好地锻炼自身的语言能力，更好地做好主播角色。

（2）一对多沟通。小红书博主演绎的是主角，多名助手扮演的是配角，在一对多的角色互动中锻炼小红书博主的热情和专注。比如上级和多名下属之间，因为一个外出考察或者调薪的机会，展开对话；要组织一次大型活动，设计3个部门间的协调工作，在沟通会上，小红书博主扮演组织者，和各部门负责人间进行协调。

应变性角色演绎

所谓“应变性角色演绎”，是指小红书博主演绎某一角色面对突发状况时灵活、有效解决问题的剧情。通过具体的应变性角色演绎，小红书博主能够进一步提升自身面对突发情况的语言应变能力，训练自己说话的技巧。

比如，小红书博主将自己想象成一名企业员工，得知绩效结果后有异议，第一时间爆发，找经理沟通。想要完美地演绎这一角色并解决问题，小红书博主就必须投入强烈的热情和专注，这样一来，小红书博主今后直播时，话语也会变得更有热情、更专注。

再如，小红书博主将自己想象成销售经理，面对客户的投诉，该如何处理？小红书博主可以和助手通过具体的角色演绎，锻炼自己解决这一问题的能力。

7.2 有卖点，产品才更有吸引力

小红书博主直播带货时要想人气爆棚，产品必须要有卖点，平平而谈只会令用户看一眼就走人，更不用说下单购买了。因此，小红书博主在直播带货前，首先要将产品的卖点提炼出来，做到心中有数。

7.2.1 打造带货文案的两条军规

文案是博主强化表达效果的帮手，文案做得好，产品卖点鲜明，便能快速点燃用户的消费欲望。因此，小红书博主带货直播前，必须重视带货文案，要将其打造成直播带货的“引流黑洞”。

通常而言，一个吸引力满满的带货文案，需要遵循以下两条规律。

与我相关

走在嘈杂的大街上，我们说话别人可能注意不到，但假如我们抛撒一把钞票的话，周围的人便会立刻关注你，这便是钱的魅力；对着一个人“喂喂喂”，他可能不会注意到我们，但是叫了他的名字，他会立刻停下脚步，这是名字的魅力。不管是钱还是名字，都因为“与我相关”引起了对方的注意，带货文案的写作也应如此，只有讲清楚了产品带给用户的价值，让产品和用户之间产生连接，才能在第一时间抓住用户眼球，唤醒他们的消费欲望。

小红书博主“看海”专注于思维力输出，直播致力于引导用户看到思维改变带来的力量，看到人生因为坚持和自律而闪现出来的火花。因为内容充满了正能量，能够帮助人们正确看待自己和人生，所以“看海”吸引了众多用户关注。

“看海”的带货文案善于关联用户，总能够开始便让用户明白产品带给他们何种价值。比如在一次直播中，他打出了这样的文案：你的格局决定了你进阶的层次。简简单单的一句话，便让用户明白《格局》这本书能够为自己带来的改变，继而大大激发了用户的好奇心和购买欲望。

可见，说出用户所能获得的利益，告诉用户能够通过产品实现何种价值，将产品和用户紧密地连接在一起，才是绝佳的带货文案。否则，即使产品再好，和用户没有关系，用户也不会买单。

通常而言，小红书博主可以从三个方面强化产品之于用户的价值，如图7-6所示。

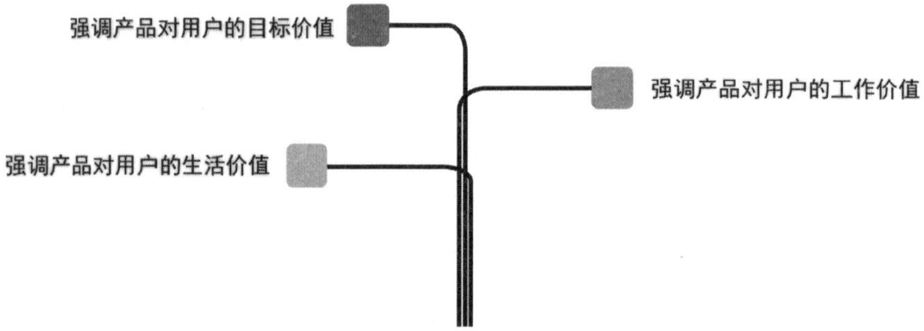

图 7-6　明确产品之于用户价值的方式

抓住决定性瞬间

很多人都有这样的经历：和重要的人见面，选好了衣服，化好了妆容，但是在见面的那一刻，心跳会情不自禁地加速，焦虑感爆棚。见面前的那一刻就是“决定性瞬间”，万事俱备，只差临门一脚，往往会让人焦虑、烦躁。文案写作应当聚焦这一心理，找到决定性的瞬间，巧妙地在用户内心制造紧张和焦虑，继而刺激他们的消费欲望。

比如，小红书博主要在直播时为一款牙齿美白仪带货，文案要怎么写呢？假如按照常规写法，单纯地介绍牙齿美白仪的功能，然后夸赞其效果如何好，用户早已对这种千篇一律的文案产生了审美疲劳，因此很难吸引他们的注意力，更不要奢望在第一时间唤醒用户的消费欲望了。

小红书博主不妨寻找决定性的瞬间，以此引发用户的焦虑感，刺激他们下单，比如：

异地恋两个月，十一国庆节，你（假定为女博主）终于有时间去男友所在的城市了。

你花了半个月的工资买了心仪的礼服，按照教学视频化了明星级的妆容，涂上了鲜艳的口红，镜子里的你魅力四射、人见人爱。男友看到你的眼神是那么明亮，他风趣地夸赞你是他的白雪公主，你以为王子和公主的故事要上演了，谁知道下一刻他脸上的笑容却一下子凝固。你傻眼了，不知道发生了什么。

哦，亲爱的，难道没有人告诉你吗？大红唇虽然魅力四射，但是笑起来露出的大黄牙，却恁地煞风景！

……

名贵的礼服、靓丽的妆容，再加上鲜艳的红唇，给予恋人一个惊艳的视觉冲击，预示着万事俱备，但是大黄牙的出现，打破了美好，在用户心中营造了强烈的焦虑。这样一来，用户便会迫切地想要解决这一焦虑，自然会对牙齿美白仪另眼相看，下单的积极性就会更加高涨。

因此，小红书博主在写带货文案时，要善于寻找决定性的瞬间，以临门一脚前的焦虑刺激用户下单的欲望。

具体而言，小红书博主在文案中需要做好两个方面才能抓住决定性瞬间，营造出强烈的焦虑感，如图7–7所示。

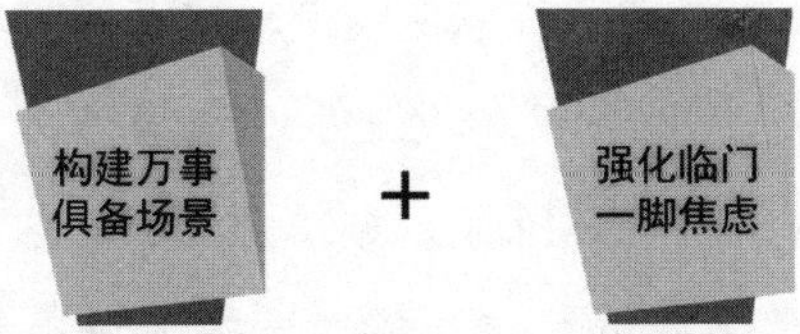

图 7–7　抓住决定性瞬间的文案表达方法

7.2.2 有颜+有趣

在这个看脸和娱乐至上的年代，对于产品，用户早已经摆脱了单纯的功能性需求，取而代之的是颜值、个性和娱乐需求。简言之，在品质差不多的情况下，产品越好看、越有特色、越有趣，越能激发用户的消费欲望。因此，小红书博主在提炼直播产品卖点时，需要尽可能强化产品的颜值和娱乐属性。

有颜

颜值是抓住用户眼球和激发用户下单欲望的重要因素之一。人人都有爱美之心，人人都喜欢美好的事物，因此，小红书博主推荐的产品颜值越高，对用户的消费引导能力便越强。

小红书博主“好物分享”在直播带货时，便善于在颜值上做文章，以“高颜值”给予用户美好的第一印象，刺激用户的购买欲望。

首先，小红书博主“好物分享”是一个美女，自身颜值高，对粉丝的吸引力便会大很多，再加上活泼的语言和肢体动作，让小红书博主“好物分享”聚粉无数。

其次，产品颜值高。小红书博主“好物分享”在选品时，除了品质外，还特别重视产品颜值，认为好产品一定要有较高的颜值，用户不仅看到后有一个好心情，而且拿出来用也会觉得有面子。比如在夏季来临之时，小红书博主“好物分享”便为大家推荐了一款高颜值水杯，并反问：用美美的杯子喝水，是不是白开水都变甜了呢?

可见，产品颜值高，才能快速吸粉圈粉，快速抓住用户眼球，激发用户下单消费行为。具体而言，博主可以从以下三个方面争取颜值加分。

（1）博主颜值高。直播带货的博主要尽量选择俊男靓女，以形象美在第一时间抓住用户眼球。当然，除了形象美之外，博主的颜值还可以表现在气质上，长相不够，气质来凑，优雅或高贵的气质也能吸引用户，以达到

"爱屋及乌"的直播带货效果。

（2）产品颜值高。带货产品要尽可能选择高颜值产品，在设计上有个性、有风格、有明显的记忆点，能够让人看了就记住，甚至惊艳。另外，产品颜值高不高，和包装也有一定关系，好看的包装也能在很大程度上为产品颜值加分。

（3）环境颜值高。产品展示的背景颜值要高，才能和博主、产品形成共振，给予用户一个高颜值视觉冲击，在用户心中留下深刻印象。

有趣

小红书博主"看过来"的每次直播人气都很高，带货产品销售数据也非常漂亮。"看过来"的直播之所以如此受欢迎，主要有以下三个原因。

（1）博主表演夸张。小红书博主"看过来"在展示产品时，不管语言还是表情动作，都比较夸张，喜感十足，营造了较强的喜剧氛围。

（2）产品话题性较浓。比如在一次直播时展示的"双蛋黄冰棍"，设计感十足，用料特别，口感超级棒，吸引了众多用户的眼球。

（3）情节设计新颖。因为"双蛋黄冰棍"超级好吃，博主迫不及待地张开大嘴，一口便将它吃掉了——以新颖的情节强化了"双蛋黄冰棍"的美味，令用户感到超级有趣，继而产生了"这款'双蛋黄冰棍'超级好吃"的认知。

那么小红书博主如何获得有趣加分呢?

（1）产品设计有趣。小红书博主在选品时，要选择设计趣味性较强的产品，让用户一看就觉得好玩、有趣味性。具体而言，产品的款式设计或夸张，或有创意，都能吸引用户关注，让用户觉得产品有趣。比如随着时间变色的时钟、火烈鸟造型的水杯、仙人掌造型的书包等。

（2）产品功能有趣。有趣的产品功能会令人着迷，情不自禁地想体验一番。因此小红书博主在选品时，可以着眼于产品具体功能，或有别于传统，或新奇，皆可为直播带来强烈的趣味性，激发用户消费的欲望。比如液体创可贴，区别于传统的贴片式创可贴，只需要在伤口上涂抹一下，便可止血，功能非常有趣。

（3）直播情节设计有趣。除了选择强趣味性的产品外，小红书博主还需要强化直播情节上的趣味性——有趣的产品带来了意想不到的直播情节，趣味性十足，用户自然对此产品更有印象。比如，雪糕非常好吃，忍不住连雪糕棒都吃掉了；给儿子买的玩具非常好玩，在公交车上忍不住哈哈大笑，惹得全车乘客注目；等等。

7.2.3 性价比是极具说服力的卖点

性价比是直播带货相对于实体店、电商等平台而言，其显著的优势。因此，小红书博主直播介绍时，需要利用这一优势，充分强调自身产品的高性价比卖点，才能最大限度地吸引用户关注，快速激发他们的消费欲望。

性价比的三个维度

小红书博主在直播带货时，想要选到高性价比的产品，首先要对性价比有一个清晰的认知，正所谓“知其然才能知其所以然”，说的就是这个道理。

通常而言，高性价比有三个维度：相对优秀的产品质量、相对较低的价格和实用的功能。

（1）相对优秀的产品质量。高性价比产品的“高”首先要体现在产品的质量上，性价比绝对不能以牺牲产品质量为代价，否则只是一锤子买卖，无异于自杀行为。因此，小红书博主在选品时，需要特别注意产品的质量，最好自己能够提前一段时间开始试用。

（2）相对较低的价格。在保障产品质量的前提下，小红书博主要利用特殊的渠道或者同厂家间协商，尽量压低产品的价格，以“全网最低价”刺激用户的消费欲望。小红书博主可以站在用户立场上，通过直播与商家、厂家等供货方谈判，以谈判话术在用户心中种草，在价格上向用户让利。很多用户在潜意识中总会存在“线上产品相对于线下产品价格要低”的认知，谁迎合了用户这一认知，谁就能提前抓住用户眼球。

（3）实用的功能。在功能上，所选产品必须实用，能够满足用户的基本需求。需要注意的是，为了尽可能贴近年轻人的生活，产品功能在实用的基础上，还需要有一定的个性，做到有用的同时有趣。

大牌品质，平民价格

高性价比产品的一个最显著的标签便是“大牌品质，平民价格”，可以将之简单地理解为“高质平价”——在硬件相同或相似的前提下，产品价格更低。因此，博主在提炼产品卖点时，可以将其和所在行业大品牌产品作比较，凸显产品“不输大品牌的品质和平民的价格”卖点，即可快速唤醒用户下单消费的欲望。

小红书博主“藏心”，最初因为拍摄自己周末“手机贴膜”的创业故事而为人所知，渐渐火起来。大家通过其发布的街头摆摊手机贴膜视频，看到了一位对生活充满热爱、自强自立、乐观美丽的女孩，产生了强烈的情感共鸣。很多人也因此成了她的忠实粉丝，在其每次直播中积极留言，赞美她、鼓励她，并通过购买其推荐的产品支持她。

小红书博主“藏心”直播带货以化妆品和坚果零食等高性价比产品为主，她认为高性价比是吸引用户的最大卖点，特别是一些品质不输大牌但价格却很“家常”的产品，往往具有成为爆品的潜质。

为了强化产品的高性价比卖点，直播时，小红书博主“藏心”会刻意重复几句话：

“大牌品质，平民价格，买了绝对超值，不买绝对后悔！”

“亲自试用，不输兰蔻！”

“花最少的钱，变成最想的样子！”

……

通过反复强调产品的高性价特点，小红书博主“藏心”在用户头脑中为其产品植入了“大牌品质，平民价格”的印记，继而快速唤醒了用户的消费欲望。

可见，在直播带货时，小红书博主需要不断强化产品的高性价比特点。具体而言，小红书博主可以从以下两个方面强化带货产品的高性价比。

（1）不输于大牌的品质。直播时，小红书博主可将行业或领域内排名靠前的品牌产品作为参照，使用对比的形式，在产品造型、用料、硬件等方面的对比中，不断向用户灌输“产品品质不输于大品牌”的观点。如此一来，用户能够以较低的价格享受到堪比大品牌的产品体验，在使用产品时自然会收获更大的成就感和满足感。比如，针对化妆品，博主可以说“滋养美颜，不输兰蔻”；针对坚果，博主可以说“用料精挑细选，口感不输三只松鼠”。

（2）全网比价。在不断强化产品“不输于大品牌”品质的同时，小红书博主还需要通过全网比价，让用户确信“这里有全网最低价产品，不买就吃亏”。所谓“全网最低价产品”，是指同类型同品质产品中价格最低的那款产品，展示它的功能，放大它的价值，小红书带货成功的概率才会变得更大。

全网比价方法，如图7–8所示。

图 7–8　全网比价方法

价格相同，卖点更多

在形容女性之美时，很多人会首先形容女性的肤色多么白，正所谓“一白遮百丑”，“白”这一特点让女性在别人眼中变得更加美丽。同样的道理，假如产品在某一方面有超出同类型产品的卖点时，在价格相同的前提下，该产品在用户眼中也就变得更有价值，性价比更高，更值得入手。

小红书博主“粒粒眼妆分享”，专注于分享各种眼妆技巧。其化妆品直播中使用的拉丝眉笔，价格和其他品牌的拉丝眉笔差不多，但是很多用户看了其直播却被种草，纷纷下单购买。

为什么这款拉丝眉笔能够快速获得用户青睐呢？一个最主要的原因就是其卖点突出，和其他拉丝眉笔相比，小红书博主“粒粒眼妆分享”的这款眉笔防水防汗性能超强，用别的眉笔画出来的眼妆遇水会花成“鬼眼”，而用这款拉丝眉笔画出来的眼妆遇水后依然精致。

于是小红书博主“粒粒眼妆分享”紧抓这一卖点，在直播中通过“金句”不断强化。

“同样的价格，更好的防水防汗品质。”

“有了它，从此告别‘鬼眼’。”

“拉丝眉笔中的圣斗士，同样的价钱更坚强的眼妆。”

……

在直播中，小红书博主“粒粒眼妆分享”刻意强化的这一明显卖点，让其带货的拉丝眉笔在用户眼中更有价值，因而更快速地获得了用户的青睐。

可见，在价格相同或相似的情况下，卖点更突出的产品会让用户觉得更具性价比。因此，小红书博主在直播带货时，需要特别关注产品卖点上的差异化，要通过语言不断强化产品特别突出的卖点，以此在用户头脑中烙下“这是一款高性价比产品”的印记。

（1）卖点要强势。提炼出的产品卖点在同类型、同价位产品中要足够强势，要能形成较为显著的差异性，如此才能快速在用户头脑中留下深刻印象，继而推动用户对产品形成高性价比认知。比如小红书博主准备带货一款旅行箱，在同价位旅行箱中，它更“结实”，小红书博主站在旅行箱上面跳舞唱歌的同时，就需要不断地强调这一点，比如“这是一款可以站在上面为心爱的人跳舞的旅行箱”。

（2）有高附加值。在造型、原材料、价格等方面找不到卖点时，附加值的高低便成了用户衡量产品性价比的首要标准。因此，在直播带货时，小红书博主还可以通过强化产品的附加值强化其在用户眼中的高性价形象。产品的附加值可以是赠送的小礼物，也可以是更长时间的售后服务，还可以是额外的产品解决方案，等等。比如，小红书博主可以说“送的比买的还多，下手晚了绝对后悔”。

7.3 对比法突出产品的卖点

用户在买东西时会习惯性地进行对比，产品品质如何，价格是否合适，都会在对比中得出结论。可以说，对于用户而言，没有对比就没有感知性，没有安全感。因此，小红书博主直播带货时，显然需要迎合用户的这种对比心理，在对比中让用户更加清晰地感知到产品的卖点，给予用户更加强烈的安全感。

7.3.1 有对比，卖点才更突出

很多小红书博主在描述产品卖点时习惯单纯地“说单口相声”，卖力地强调产品怎么好、怎么给力，但往往事倍功半，最终转化效果却不好。为什么会出现这种情况呢？一个最主要的原因就是小红书博主在描述产品卖点时没有给予用户一个参照物，不善于对比。

小红书博主“赵小小小”在直播带货某品牌烤箱时，便通过对比强化了卖点，不仅强化了产品品牌，还给予用户更大的安全感。

小红书博主“赵小小小”在强化该品牌烤箱蒸汽发热盘优势时，便制定了一个对比表述表，通过四个方面的对比让该品牌烤箱在用户眼中更有竞争力，如表7–6所示。

表7–6　某品牌蒸汽发热盘卖点对比

对比项目	蒸汽发热盘	传统蒸汽孔
加热方式	304不锈钢底盘加热，食物受热更加均匀	铝制锅炉加热，受热不均匀
蒸汽浓度	生成的蒸汽浓度更高、更加细密	蒸汽间断，且饱和度低
长期使用	不会产生水垢	易产生水垢，易堵塞喷射管
后期养护	清洗起来非常方便	很容易堆积水垢，且无法清洗

虽然这款烤箱的卖点仅仅是从蒸汽孔变成了发热盘，但是小红书博主通过全方位的对比，强化了“蒸汽发热盘”这一卖点，非常巧妙地在用户心中留下了“高科技”“好口感”的印记。传统的蒸汽孔可能早已被淘汰，同类竞品可能早已不再使用这种模式，但毕竟用户不是专家，通过小红书博主的对比描述，用户最直观的感受就是“这个产品比竞品好，值得入手”。

通常而言，对比式描述产品卖点有三个最直接的作用，如图7–9所示。

图 7–9　对比式描述产品卖点的三个作用

7.3.2　三个常用对比策略

既然在带货直播中，运用对比的方法强化产品卖点能够显著提升博主话语的“杀伤力”，那么博主在运用对比法时，需要将谁作为对比对象呢?

向上对比策略

小红书博主“罗小妹”带货直播时习惯“向上对比”，由于其所带货产品大都具有高品质、低价格的特点，“罗小妹”认为通过向上和高价产品对比，能够进一步凸显带货产品高性价比的卖点。

比如，在介绍一款口红时，“罗小妹”认为其“品质不输迪奥”，“只需付100元，便可享受不输于大牌口红的品质”，通过不断强调“平民价格大牌品质”，小红书博主“罗小妹”得以快速给用户留下“这款口红绝对超值”的认知，继而成功激发起他们的消费欲望。

可见，这种向上对比的策略是非常有效的，特别是在带货产品品牌知名度较低、使用人群较少的情况下，博主通过向上对比，能够显著提升产品的品质感和知名度。

具体而言，小红书博主在向上对比时，可以运用三种方法强化带货产品的卖点，如图7-10所示。

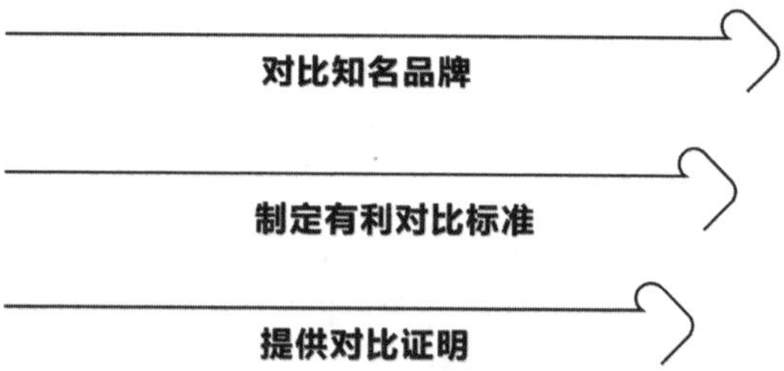

图 7-10　向上对比强化卖点方法

向下对比策略

假如带货产品在价格上偏高，且在设计、细节或技术上比竞品更有优势，具有“高价高质”特点，小红书博主在介绍产品时，可用价格较低产品作对比，强化带货产品的卖点。

比如，我们要为一款降噪耳机带货，相较于普通的耳机，它的价格要高一些。这时我们应当如何强化降噪耳机的卖点呢？如果单纯地说耳机降噪效果如何好，很难打动用户，激发他们的消费欲望。而运用向下对比策略，则能更加明显地强化“降噪”这一卖点。比如，我们可以说“这款耳机虽然贵了点，但却能让你在嘈杂的菜市场听周杰伦低吟爱情”“便宜深陷闹市，小贵置身静谧丛林”。

跨类目对比策略

假如带货产品的卖点乏善可陈，即使拿着放大镜找也发现不了比同类产品好的地方，这时小红书博主如何表述产品卖点呢？最佳方式是跨类目对比，从类似品类中找出一个在某方面不如带货产品的，以其强化带货产品在用户头脑中的卖点差异性。

比如我们带货某个品牌的电烤箱，和其他电烤箱产品相比，提炼不出差异性的卖点。这时我们在表述时可以将电烤箱和微波炉进行对比，以微波炉的缺点衬托该品牌电烤箱的优势。

“电烤箱多层加热，鸡、鸭、鱼、肉、饭一键搞定！”

“微波炉加热分量少，功能单一，且需反复操作！”

“400多元的电烤箱虽然比不上4000多元的大品牌，但是对比同价位微波炉，它的容量更大、功能更实用、操作更简便！”

……

这样的对比表述，自然便会强化该品牌电烤箱在用户头脑中的价值，再配合现场制作出来的令人垂涎欲滴的美食，便能快速吸引用户关注。

7.3.3 三项常见的对比内容

既然对比的表达方式能够大大强化产品卖点，那么在直播带货时，小红书博主需要对比哪些内容呢？对比表达的要点是“以自己的长处对比竞品的短处”，要尽可能在对比中强化带货产品的差异化标签。

通常而言，小红书博主可以结合带货产品的具体卖点，灵活和竞品对比三方面的内容，如图7-11所示。

图 7-11　三项常见的对比内容

7.4　三言两语获取用户信任

直播带货成功与否，和小红书博主能否在直播开始时快速获得用户信任有直接关系。假如小红书博主开播后能够快速获得用户好感，博取用户的信任，那么直播间的人气便会高涨起来，用户的信任度也会水涨船高。

7.4.1　五种快速点燃氛围的开场话术

智慧的小红书博主会在开播时迅速营造出强烈的互动氛围，提升用户的在场感和参与感。想要开播便点燃氛围，小红书博主在开场时如何说话呢?

小红书博主“美心造型”，一直在直播中分享各种美妆技巧，因为开场话术漂亮，分享的各类美妆技巧实用，所以每场直播人气都非常高。

“老铁们，咱们又见面了，别的先不提，咱们先抽个奖。”

“亲们，上次直播后厂商给了很多试用品，我打算都送给大家，数量有限，快说‘爱你’，我截图截到谁就给谁！”

……

“天下熙熙，皆为利来。”以承载利益的话开场，让小红书博主“美心造型”得以快速地提升直播间人气，引爆用户的参与感。

通常而言，小红书博主在直播开始时，可以灵活使用五种话术快速点燃直播间氛围，如表7–7所示。

表7–7　直播开场话术

话术	内容	举例
利益输送	通过给予用户实实在在的利益提升自身话语的吸引力，强化用户在场感和参与感	家人们，直播开始前，咱们先抽个奖，奖品是3部小米手机
设置悬念	通过设置悬念激发用户的好奇心，吸引他们持续关注直播，参与直播	今天这场直播为大家准备了一个惊喜
请求回答	抛出问题请求用户回答，不仅可以引导用户关注直播要点，还能提升他们的期望值	大家平时是怎么处理虾的？
承诺激励	直播开场白还可以是一个令用户心动的承诺：告诉用户，假如他们按照你的建议行事便能获得某个他们期盼的东西	这场舞蹈直播，谁能回答我的一个问题，我便送给谁一个最新款的华为蓝牙耳机
故事开篇	可用一个简单而有趣的故事开头，以故事提升用户对直播的期待	这场直播我想和大家分享我直播变现的故事

7.4.2　说出产品小缺点，塑造客观形象

很多小红书博主在直播带货时，总是习惯性地对产品赞不绝口，将话说得满满当当，认为这样介绍，产品在用户眼中才更具品质感，才更易于激发用户的消费欲望。其实不然，一味地“王婆卖瓜，自卖自夸”，往往会令用

户产生怀疑：世界上哪有完美的产品？继而便会对小红书博主的诚信产生怀疑，消费意愿自然大打折扣。

而智慧的小红书博主在直播时不会将话说满，他们在展示产品优点时会将其小缺点一并说出来，以此在用户眼中塑造“坦诚”“可信”的品牌形象。如此，小红书博主才会被用户发自内心地认可，带起货来自然更顺畅。

当然，坦陈产品缺点也需要技巧，小红书博主使用不同的方式表述产品缺点，传递给用户的信息也会有很大的差别，从而产生不同的效果。

小缺点后面跟着大优点

坦陈产品的缺点，不能什么缺点都说，太大的缺点反而会吓退用户，毕竟没有人会花钱购买大缺点的产品。小红书博主在表述产品缺点时，可以采用小缺点后跟着大优点的表述方法，首先以小缺点向用户展示自身的坦诚，获得用户的信任，之后再以大优点强化用户对产品的信心，刺激用户的消费欲望。

小红书博主“宅七七”一直致力于为家乡农产品带货，因为产品品质优异，表达坦诚、有感染力，因此每次直播转化率都非常高。

比如在一次带货甜瓜的直播中，小红书博主“宅七七”一开始便和用户坦诚相见，直言甜瓜“卖相不好”：

“说实话，今天这个瓜卖相实在不咋地，堪称甜瓜界中的武大郎。”

“乍一看，它小，和其他品种的甜瓜相比，它就是个小弟弟。”

“它皮肤保养也差，比较黑，没有其他甜瓜那种光滑亮丽的外壳。”

爆出自家甜瓜的这些小缺点后，博主话锋一转，用“但是”做引子，说出了自家甜瓜大优点：

“但是……”

“我们家的甜瓜它甜啊，不是普通的甜，而是沁人心脾的甜，是让人恋爱的甜！”

“为什么这么甜？有两个原因。首先，我们这昼夜温差很大，糖分很容易沉淀在瓜肉内；其次，我们这儿的瓜农经过大量实验，找到了决定甜瓜甜度的最佳施肥比例。”

……

这种介绍产品的方法收到了良好的效果，用户听了后纷纷打出“博主很坦诚”“博主很实在”“它很丑但是它很甜”“哇，被博主的话种草了”……一时间，直播弹幕雨下个不停，大家纷纷下单。

可见，适当坦陈产品的小缺点快速赢得用户信任，再以产品的大优点调动用户的消费积极性，是一种非常高效的带货话术。

用视角转换法变缺点为优点

对于产品而言，缺点和优点其实是一对孪生兄弟，没有绝对的缺点，也没有绝对的优点。在直播中，小红书博主坦陈产品的缺点，在赢得用户信任后，通过挖掘缺点背后的东西，将其和用户利益联系起来，就有可能变缺点为优点。

那么如何将产品的缺点变为优点呢？我们可以试试视角转换法。

我们可以通过特殊场景将缺点变为优点。小红书博主在直播中可以故意强调产品的缺点，之后将其和特殊的场景联系在一起，继而将缺点变为优点。比如带货产品为小排量的电动汽车，和传统的燃油汽车相比，它的缺点非常明显：车内空间小，时速低。但是将这一缺点和停车、加油、维修等场景联系起来时，缺点便可以转化为优点。

“当你身处一个狭小的停车场时，当你看着长长的加油队伍时，当你支付昂贵的修理账单时，你便会想起小车的好处，想起电车的优势。”

这样说，是不是更能说服用户？小车也有大方便、大节省，继而将缺点成功转化为优点，刺激用户的消费欲望。

以退为进，抛出产品小缺点，赢得用户信任

在直播带货时，小红书博主还可采取以退为进的策略，通过指出产品小缺点，快速在用户心中树立正面形象，获得用户信任。比如在介绍完产品的优点后，博主可以讲一讲产品的小缺点，提醒不在适用人群范围内的用户理性消费。

具体而言，小红书博主可以采取三个步骤在言语上以退为进，赢得用户信任，如图7–12所示。

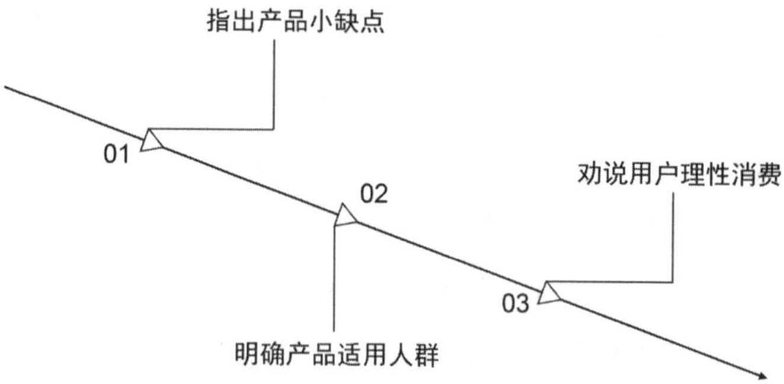

图 7–12　以退为进表述的三个步骤

7.4.3　推销产品不如推销解决方案

很多时候，想要在直播中“以产品取信于用户”，成本往往非常大，因为小红书博主需要投入大量的精力向用户传递产品信息，说服他们相信产品性能优越，能够为他们带来较大的价值。显然，想要做到这一点，并非三言两语就能完成的。那么如何解决这个问题呢？最好的办法其实不是推销产品，而是向用户推销解决方案。

解决方案才是吸引用户的关键

在大多数情况下，用户购买产品的目的是解决某个问题。因此，销售解决方案远比销售产品更易于吸引用户，获得用户的信任。比如，脑白金，并非直接向用户销售保健产品，销售的是送礼的解决方案；王老吉，销售的并非凉茶，而是降火的解决方案；海飞丝销售的也并非洗发水，而是去屑的解决方案。

小红书博主“我是小琪琪”便善于通过推销解决方案提升直播带货转化

率。最初，她在小红书上直播带货毛线时，用户转化率并不是很高，很多人虽然有购买毛线织毛衣的想法，但是大多因为不会或者担心织出来不好看而放弃了。几次直播后，“我是小琪琪”意识到解决方案的重要性，对自己的直播语言进行了有针对性的调整——每次有用户担心买回去不会织时，“我是小琪琪”便会向其推销解决方案。

“这个完全不是问题，我会在每天晚上9时开直播，教大家编织各种样式、各类花纹的毛衣，非常简单，一看就会！”

“市面上买一件毛衣虽然省时省事，但是哪有自己亲手织一件有情有义？爱他，就为他织一件毛衣！”

……

很多观看“我是小琪琪”直播的用户都被博主的话种草，“爱他，就为他织一件毛衣”，为他们表达爱意提出了一个真实可行的解决方案，让他们得以更好地向父母、爱人和孩子传递自己的真情。可见，对于用户而言，他们需要的并非毛线，而是如何用毛线表达爱意。

具体而言，推销解决方案能从三个方面显著增加小红书博主言语的可信度，如图7-13所示。

图 7-13　解决方案式语言可快速获得用户信任

两种解决方案的呈现形式

既然解决方案能够让小红书博主快速地缩短和用户之间的心灵距离，获得用户的信任，激发用户的消费欲望，那么小红书博主在直播时如何将之自然完美地呈现在用户眼前呢？在具体描述时，博主可以通过两种形式呈现解决方案。

（1）痛点铺垫呈现形式。小红书博主在呈现解决方案前，先抛出需求痛点，引发用户情感共鸣，之后再顺势推出产品解决方案。这种呈现形式高屋建瓴，用户的痛点会在解决方案推出后迅速变为爽点，在强烈的效果对比下，小红书博主的表述自然能够快速激发用户的消费欲望。

比如，一位小红书博主向在直播中这样向用户推荐微波炉：

“每一个认真生活的人都应该被认真对待，早上6点就起床的你，匆忙洗漱后便出门奔向地铁站。到了公司后，你被指使着跑来跑去，没有一个人关心你吃没吃早餐。但是，今后有了它，每个早上你都可以好好犒劳一下自己，任何食材放进去，几分钟后拿出来，便是色香味俱全的美食，让自己一上午都充满活力！”

很多时候，人们都会觉得自己为别人或者某一目标付出太多，想要一些补偿，或者想暂时停下来犒劳一下自己。基于这一普遍存在的痛点，这位小红书博主在直播带货时通过铺垫痛点成功地营造了紧迫的气氛，之后通过推出以产品为核心的解决方案，顺利将痛点变为爽点，自然大大激发了都市上班族的购买欲望。

通常而言，博主可以通过四种思路在直播中铺垫痛点，如图7-14所示。

（2）套装化呈现形式。所谓“套装化呈现形式”，是指小红书博主在介绍带货产品时，通过赠送成体系配套产品的方式为用户提供产品解决方案，给予用户更好的产品消费体验。

通过套装化的描述，小红书博主可以很巧妙地将解决方案呈现在用户眼前，快速激发用户的消费欲望。比如你为某个品牌的玩具带货，之前是单个

图 7–14　铺垫痛点的四个思路

商品的模式，每次直播只会重点推荐一种，而套装化的解决方案则是围绕重点推荐的玩具产品搭配其他玩具，形成一个体系，小朋友在玩玩具的时候可以自由搭配，如此便彻底治好了用户的选择困难症，帮助用户解决了“如何让孩子玩得开心”的问题。

因此，想要快速吸引用户眼球，取得用户的信任，博主需要第一时间抛出产品解决方案，帮助用户以较小的成本达成完整需求。

7.4.4　强调自己已经“提前使用”

正所谓“己所不欲，勿施于人”，自己不愿意做的事情自然不应该强迫别人，带货也是同样的道理，小红书博主自己都不曾使用的产品，为什么还奢望别人购买消费呢？因此，有经验的小红书博主在带货直播时会反复强调自己已经“提前使用”，以自己的使用感受强化用户对产品的信息了解，快速赢得用户的信任。

“我已用过”的魅力

小红书博主在直播带货时，想要说服别人，赢得别人的信任，必须首先说服自己——只有自己觉得产品真的好，在直播中推荐产品时，博主才会有底气，才能始终保持激情，继而快速影响用户，获得他们的信任。

小红书博主“张家小姐姐”，通过坚持输出优质本地内容慢慢吸引了众多粉丝关注，成为广州小有名气的自媒体。有了名气后，有本地坚果品牌商联系她，希望她为其生产的坚果产品带货。

本着对用户负责的态度，小红书博主“张家小姐姐”试吃了一个月，觉得该品牌产品品质非常好——不仅颗颗饱满，还在口味上非常有特色：甜的异常甜，酸的异常酸，脆的异常脆，香的异常香。

在直播时，小红书博主“张家小姐姐”隔一段时间便强调“我已吃过”，以亲自食用过提升自身话语的可信度，强化用户对产品的信心。

“不瞒大家，这个牌子的坚果，我已经吃了整整一个月了，满肚子的体验要和大家分享。”

“开心的时候，我通常会吃一包碧根果，和其他牌子的碧根果相比，这个品牌的碧根果超级甜，甜到眉眼里，甜到心肺里。”

“遇到挫折的时候，我便吃一包酸角，酸到肌肉里的感觉让我真实地感受到存在的价值！”

“闲暇的时候，我会吃一包薄皮核桃，轻轻一捏，果肉就露出来，咬一口，嘎嘣脆，整个人也跟着开心起来！”

“还有异常香的榛子，平时装在兜里，饿的时候吃几个，满足感十足！”

……

当然，除了“我已用过”之外，小红书博主还可以说“我们团队的小伙伴已用过”“我老公已用过”“我爸爸已用过”“我给我女儿买了一个”等，强化产品的可信度。

具体而言，小红书博主明确“我已用过”的心理暗示有三个，如图7–15所示。

如 7–15　“我已用过”的三个心理暗示

“我已用过”的三种表述方法

既然强调“我已用过”能够快速地获得用户的信任，那么小红书博主在直播时如何表达才能取得最大的效果呢?

具体而言，小红书博主在向用户传达带货产品“我已用过”的信息时，可以结合自身说话习惯、产品特点等灵活选择三种表述方法，如表7–8所示。

表7–8　博主传递“我已用过”的三种表述方法

方法	内容	举例
直接表述法	博主直接对用户说“我已经使用这款产品很久了”，表明自身严谨的带货态度	我从5月中旬就开始用这款防晒霜，效果好到爆
间接暗示法	博主通过暗示性的语言向用户传递“这款产品其实我已经使用很久了”	大家看看我这脸，每天烈日下暴晒3小时，一点都没黑
第三人证明法	通过助手、朋友等第三人的话证明带货产品你已经使用了很久，且体验不错	博主助手：我看这款防晒霜你已经用了很久，效果不错吧？皮肤都变白嫩了

7.4.5　强调从业经历

在直播带货时，突出自身的从业经历也能快速赢得用户的好感和信任。

一方面，博主有相关从业经验，意味着选品更精准，分享更专业；另一方面，有相关从业经验意味着博主的话更具有参考价值、更权威、更值得信任。因此，在直播带货时，博主可以通过突出自己的相关从业经历快速走进用户内心。

从业经历=专业+可信

小红书博主“石晓晓啊”，17岁就开了自己的服装店，从事了十几年的服装销售工作。正因为有了十几年的服装销售经历，她对服装潮流把握得非常准，对各类服装造型、原料、搭配等问题了然于胸，在小红书直播时能够将服装卖点讲清楚、讲明白，讲到用户的心坎里。

“根据我十几年的服装从业经历，这款服饰的潮流感非常强，穿上它，你就成了别人心中的女王。”

“我卖了十几年的衣服，这种造型的羽绒服是我见过款式最时髦的。”

“这个料子非常高级、亲肤，肌肤碰触起来非常丝滑，感觉非常棒。”

……

可见，强调自己的从业经历，博主的话听起来便更可信，对用户更具感染力和说服力。具体而言，强调自己的从业经历，主要有以下两个方面的作用。

（1）突出专业性。强调自己的从业经历，小红书博主的话在用户眼中才更专业、更可信。比如从事过教师工作的人，所提出的教育观点往往更易引起别人的重视；从事过医疗工作的人，所提出的保健建议更易于被周围的人认可……

（2）提高信任感。小红书博主有过相关行业的经历，在行业中取得了某种成就，意味着其经验更加丰富、眼光更加独到、渠道更为广阔，用户会下意识地认为：相信小红书博主，能够让自己尽可能地避免错误，降低解决问题的成本。

“三化”话术强调从业经历

既然突出自身的从业经历能够快速获得用户的信任，那么小红书博主如何说才能更好地在用户心中树立自己的专业形象呢？小红书博主可以通过“三化”话术快速强化自身在用户眼中的专业性。

（1）专家化。通过语言将自己包装成某个领域的专家，为用户提供专业的产品解决方案，帮助用户解决生活和工作中遇到的难题，自然可以更迅速地获得用户的好感和信任。

比如，如果你是一名专注于美容行业的小红书博主，想通过小红书直播带货，为了能够快速获得用户信任，最大限度地提升用户转化率，你在直播时可以反复强化自身的“美容专家”身份。

“我之前有过五年的美容行业从业经历，对各种美容产品的性能都有很深的了解，今天不为大家推荐最贵的，只推荐最适合的！”

“作为一名资深美容师，我可以很负责地告诉大家，秋季气候干燥，这样做会让你的脸部皮肤滋润很多。”

……

专业化的表述，让用户感受到了权威，下意识地认为相信博主的话便能降低损失，最大限度地降低自身的消费成本，下单的积极性自然会变得更高。

（2）达人化。除了通过语言将自己包装成某个领域的专家外，小红书博主还可以将自己包装成行业达人，通过向大家展示潮流、分享各种技巧等快速获得用户的信任。因为在很多用户的认知中，“达人”往往意味着体验丰富、技巧娴熟、产品感知敏锐，因此将“达人”看作自身消费的“探路者”。以下便是达人化的表述方式：

“作为服装潮流体验达人，一看到这款夏装，我便移不开眼睛，完全沦陷了！”

“天啊，作为吃过四海美食的‘饕餮’，这个品牌的牛肉干真是太香了，刚刚入口时无味，细细咀嚼暗香来，让人灵魂飞跃！”

……

（3）故事化。小红书博主还可以故事的形式向用户讲述自己的从业经历，或“历经坎坷走到现在”，或“一路打败对手功成名就”，只要故事足够好，就能快速获得用户的信任。

通常而言，小红书博主可以使用三种方法讲述自己的从业故事，如图7-16所示。

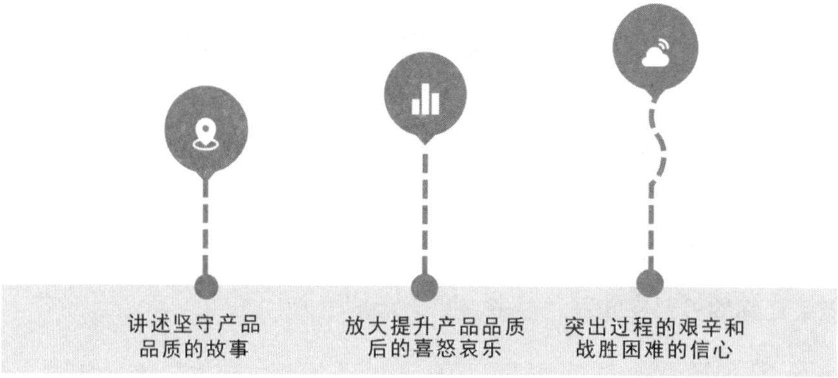

图 7-16　从业故事的三种讲述方法

7.5　不会讲故事，99%的用户会忘记你

有道是“普通博主卖产品，优秀博主卖故事”，特别是在直播带货竞争异常激烈的当下，不能提供打动用户内心东西的博主，永远不会真正走进用户内心，更不用提让用户记住并借此引导用户完成二次消费了。人人都喜欢的故事，无疑是博主打动用户的撒手锏，会讲故事的小红书博主在用户眼中才更亲切、更可信，产品才更有价值。

7.5.1 代入感较强的四种故事情节

作家克里斯托弗·布克在其著作《七种基本情节：我们为什么讲故事》（*The Seven Basic Plots:Why We Tell Stories*）一书中，为读者总结出了七种较具代入感的故事情节。

（1）斩妖除魔。人们对斩妖除魔的故事情节非常痴迷，英雄发现了某一邪恶势力或敌对势力威胁到祖国或亲人时，便会挺身而出，通过一系列勇敢的斗争将妖魔斩杀于刀枪之下。比如《西游记》便因为讲述了大量降妖除魔故事而深受读者喜爱。

（2）从穷困到富有。这类故事中的主人公在开始时往往都穷困潦倒，之后因为偶然的机会或坚持不懈的奋斗，得到了财富、权力和爱人。很多故事还会让主人公再次失去所有，之后主人公在失去中历经更强的磨炼，战胜一切困难，继而再一次登上人生巅峰。比如《阿拉丁神灯》《灰姑娘》等故事，主人公从贫穷到富有的奋斗经历，便深深地吸引了读者的眼球。

（3）探寻旅程。主人公离开自己生活的环境，去一个陌生的、充满危险的地方寻找某个人或某件东西，最终完成拯救家乡或世界的任务。一路上，有新伙伴加入，有一个又一个的挑战，困难重重、诱惑满满，但主人公逢山开路、遇水搭桥，并在这个过程中迅速成长，变得越来越成熟、睿智。比如，《指环王》便是典型的探寻旅程故事，伴随着主人公的成长，《指环王》也收获了数以千万计的粉丝。

（4）远行和回归。主人公因为某个巧合、机遇、任务等，从原来生活的地方进入另一个神奇的地方，从而有了一系列不平凡的经历。在新环境中，主人公会遇到形形色色的人，解决各种各样的问题，克服一系列困难，最终回归原本生活的地方。比如，《奥赛德》便是一个典型的远行和回归的故事。

（5）喜剧。整个故事的情节充满了喜剧氛围，主人公幽默而又阳光，努力完成一个看似不可能完成的任务，或者因为一个天大的误会而有了一系列离奇的经历。这类故事富有愉悦气息，结局皆大欢喜，因此深受读者喜爱。比如，《憨豆先生》便通过讲述一个个喜剧故事而走进了千万观众内心。

（6）悲剧。故事主人公在性格上有缺陷，遇到了很不幸的事情，最终导致了一个悲剧结果。比如，《哈姆雷特》便是典型的悲剧故事，让人印象深刻。

（7）重生。故事的主人公从失败中吸取了教训，彻底改变了自己，重新夺取了胜利。这种故事情节因为迎合人们期盼峰回路转的心理，所以吸引力满满。比如，《美女与野兽》便是典型的重生故事，为全世界人民所铭记传颂。

在这吸引人的故事情节中，有四种较为适合直播带货，博主利用得当，可以轻易俘获用户的心，如表7-9所示。

表7-9　四种较为适合直播带货的故事情节

情节类型	情节架构	举例
“斩妖除魔”	产品能够帮助用户摧毁的“妖魔”是什么？产品能够为用户解决什么问题？博主必须在故事中解答这些问题，利用这一情节主线吸引用户眼球	我是如何用一袋坚果战胜饥饿的；我是如何战胜雀斑的
从穷困到富有	将一些成功人士或产品创始人的故事转嫁到直播带货中，展示他们从贫穷到富有过程中所付出的努力、勤奋、智慧、坚持等	讲述品牌创始人从身无分文到资产千万的创业故事
探寻旅程	挖掘产品创造过程中的旅程故事，或者是博主自身经历的产品故事，以此塑造产品形象	在拉萨使用华为手机的三个故事

（续表）

情节类型	情节架构	举例
重生	博主或产品经历过非常艰难的时刻，之后经历一次次努力又重新站起来	乔布斯曾一度伤心地离开苹果，而他重新回归后，带领苹果走向了世界

7.5.2 三类可讲述的产品故事

产品是带货直播的重点，只有将产品完美地展现在用户眼前，才能最大限度地让用户感知到产品的卖点，提升用户对于产品的好感，激发他们消费的欲望。因此，小红书博主在直播中需要讲好产品故事。

通常而言，小红书博主可以通过三类产品故事强化产品的优异品质，以便在用户心中留下深刻的印记。

（1）概念故事。小红书博主可以通过讲述和产品概念相关的故事，引导用户完成产品概念的再认知，比如乔布斯善于讲述苹果概念故事，他让人津津乐道的初代苹果发布会其实更像是一个故事会，通过各种概念故事将品牌手机的优异品质深深烙印在了用户心中。

比如你为华为手机带货，可以在直播中如此讲故事：

开头：很多人出门要带一部iPad、一部手机，非常麻烦。

激励事件：针对用户普遍存在的这一痛点，华为手机提出了一个完美的解决方案。

转折：华为P40的出现，堪称手机行业的一次革命，一部华为P40在手，可以应对多种办公和生活场景。

危机：很多人会产生这样的疑问，没有键盘的手机怎么方便地使用？

高潮：华为“一碰传”功能可以让用户随时随地“征用”身边的办公设备，简直如同变魔术。

结果：用户相信华为P40能够满足自己的需求，不管是生活还是工作，有一部华为P40就够了。

产品概念故事的首要目的并非向用户介绍产品的各项功能，而是向用户传递某一概念，对用户进行概念再教育，继而依靠独特的概念占领用户心智。

（2）起源故事。产品起源故事就是用户从知道产品，到成为产品用户的经历。产品起源故事的目的是推广产品，以用户如何认识产品、使用产品的经历吸引更多人关注，最终顺利种草。在直播中可以如此讲产品起源故事：

开头：和概念故事一样，博主可以从用户的需求入手，展现用户当前的状态。

激励事件：发现用户当前遇到的问题，提出解决方案。

转折：用户通过某种渠道发现了带货产品。

危机：用户最初并不看好带货产品。

高潮：带货产品完美地满足了用户的需求，消除了用户的痛点。

结局：产品帮助用户获得了更大的人生价值。

（3）使用故事。起源故事仅仅是用户接触产品的第一步，假如没有一个好的使用故事，那么用户对产品的认知便会停留在初级阶段，随时都有可能放弃带货产品。因此，小红书博主还需要讲好产品的使用故事，通过使用场景给予用户更加强烈的代入感。在直播中可以如此讲产品使用故事：

开头：用户当前的状态，如遇到了某一问题。

激励事件：用户想起了带货产品可以解决自己遇到的问题。

转折：用户开始使用带货产品。

危机：用户在使用过程中遇到了某些问题。

高潮：在博主的帮助下，用户顺利解决了问题，体验到了产品价值。

结局：用户表达了对产品的信任，并通过社交媒体分享自己的产品使用心得。

产品使用故事本质上就是用户体验产品的过程，从使用产品到解决问题，再到满足需求、分享心得。在讲述使用故事时，小红书博主需要结合用户使用产品的场景，通过特定的危机强化故事情节的波折感，可让用户对产品有一个更深的认知。

7.6 善用互动引导用户裂变

相对于图文和视频，直播最大的优势便是互动性更强，能够给予用户更加强烈的在场感和参与感。因此，小红书博主不能将直播带货当成“独角戏”，仅仅自己说、自己表演，而应该将之打造成欢快、有趣的互动情景剧。

7.6.1 结合产品打造专属仪式感

直播带货，并非将产品摆在镜头前简单介绍一下就万事大吉，就能让用户买单。想要激发用户的下单欲望，小红书博主首先要强化互动性，拉近自身和用户间的心灵距离，还要做出差异感——有个性，用户才会关注，也才更愿意掏钱购买。而想要实现这一点，就离不开仪式感。

有仪式感的直播更具浸透力

出门前，必须喷喷香水；睡觉前，必须听一首歌；学习前，必须将灯光调成暖色；每逢节日，必定准备一顿大餐……这些都是人们追求仪式感的具体事例。为了享受仪式感带来的满足感，人们总是心甘情愿地为之买单。

所谓“仪式感”，是指生活中精心安排的小确幸，这种小确幸中展示出来的是个性，是满满的幸福感。当直播有了仪式感，其在用户眼中自然也更具个性，更值得关注和信任。

小红书博主“小妹爱美食”，直播的内容很简单——吃美食，吃各种好吃的美食！依靠吃美食、分享美食，“小妹爱美食”吸引了众多用户关注。

很多人都搞不懂，为什么直播吃东西能让“小妹爱美食”吸引如此多用户关注呢？“吃”每个人都会，难道人人都能成为网红？有这种疑问的人其实只看到了表面，而没有看到小红书博主“小妹爱美食”在吃美食时打造出来的仪式感。

首先，“多”的仪式感。博主的吃并非简单地吃单一一种美食，而是将各种品类一网打尽。比如吃薯片，她会将超市货架上的各种品牌薯片都装入购物车中，在直播时一一开袋，将每个品牌薯片的滋味都分享出来，满满的仪式感。

其次，“净盘”仪式。不管美食有多少，博主都会吃干抹净，一点汤汁都不留，将盘子舔得如明镜一般。这就打造了一种极为强烈的仪式感，给用户留下了深刻的印象。

可见，仪式感越强，直播的人气就越旺，带货能力就越强。具体而言，我们可以从三个方面感知仪式感的作用，如图7-17所示。

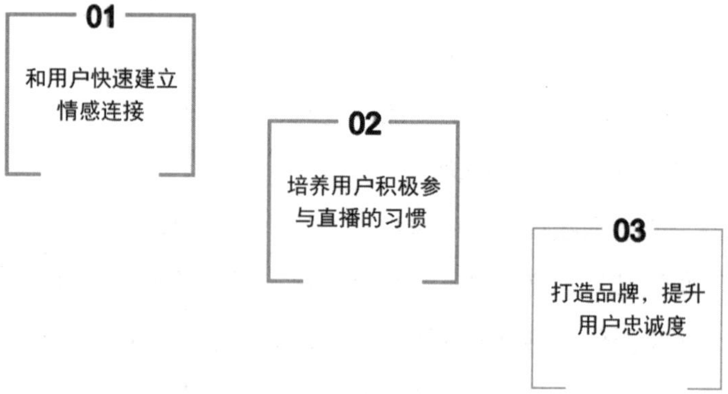

图 7-17　仪式感的作用

打造仪式感的两种方法

那么，如何在直播带货时打造仪式感呢？

（1）设计专属开场仪式。直播开始后，固定的仪式会快速拉近小红书博主和用户间的距离，且基于用户强烈的期待感，直播在用户眼中会更具价值。因此，小红书博主可以设计专属开场仪式。

可以是一句走心的话。每次直播开始时，小红书博主都可以说一句相同的话，次数多了，这句话便会带有强烈的仪式感。比如“大家好，我是大荔枝，不折不扣的胖子”“长夜漫漫，有了你，梦才变得美丽，我们又见面了”……

可以是一个或一组个性动作。个性动作设计得好，也可以为直播带来满满的仪式感。比如，每次直播开始时，博主打出一个个性手势，或者跳上一段网红舞。

可以是一个活动。比如每次直播开始后，你都说“我先和粉丝连个线”，久而久之，连线互动便会成为你直播的开场仪式，成了用户对你直播的一个最主要记忆点。

（2）为产品增添仪式感。很多人买到农夫果园总会先摇一摇，吃益达时会一次吃两颗，吃奥利奥的时候要扭一扭、舔一舔、泡一泡，这些其实都是产品自带的仪式感动作。小红书博主在直播时可以通过为产品添加某种仪式感，引导用户进入特定的消费情景中。比如直播中要为某坚果品牌带货，结合该产品小包内坚果品种多的特点，你可以设计一个“吃前数一数”的仪式感动作——将包装撕开后，先倒在手心中数一数，看看有几种坚果。用户觉得这一仪式有趣的话，他们便会对该坚果产品产生有趣好玩的差异性认知，不仅强化了用户和产品的互动性，也在用户和产品之间建立了更加牢固的情感联结。

7.6.2 用价值引导用户分享直播

直播带货，高效地引导用户关注、评论和分享直接决定了直播间的人气和用户转化率。因此，小红书博主在和用户互动时，需要巧妙地运用话术快速引导用户关注、评论和分享。

反复提示

反复提示，顾名思义，是指小红书博主在直播中反复提醒用户关注自己、发表评论或分享直播内容。正所谓“世上本没有路，走的人多了，也便成了路”，同样的道理，想要用户关注、评论和分享，简单而又有效的方法便是反复提示。

小红书博主“玲珑”在直播带货时便善于通过一些常规引导台词引导用户关注、评论和分享，借此大大提升直播的人气。

“关注博主不迷路，大家动动手指点一下啦！”

“刚刚进门的小伙伴们，没有关注博主的点上面‘点亮我’点亮关注。”

“大家有什么问题，可以在评论中提出，有问必答，为您解惑。”

“亲们，大家感兴趣的话可以转发到朋友圈，截屏有红包拿。”

……

小红书博主“玲珑”通过这些看似简单的常规话术吸引了大批用户关注、评论和分享，有效地提升了直播人气和用户转化率。

要注意的是，小红书博主在直播时，需要反复强调引导性的话语，将它们挂在嘴边，因为在直播的时候随时会有新用户进入直播间，反复引导，可以提高这些新用户关注账号、评论和分享内容的概率。

内容推销

想让用户关注并积极评论和分享直播，内容必须要精彩、有趣、有价值。简言之，内容是吸引用户关注、参与和分享的基础。因此，小红书博主在直播开始时，需要首先强化内容的趣味性，抛出内容的价值点，以“关注得利，错过吃亏”刺激用户留下、参与、分享。

用户能够从直播中获得何种价值？在直播开场时便回答好这个问题，小红书博主才能快速将用户绑定，因为大家都习惯关注和自己有关的事。

“老铁们，又见面了，今天直播的主题是‘省钱’，所有产品都是全网最低价，不是最低免费赠送，错过绝对后悔！”这类开场白直接向用户说出了直播能够为用户带来的“省钱”价值，吸引看重产品性价比的用户锁定直播。

“亲们，这次直播要教大家化各种各样的眼妆，想变漂亮的姐姐妹妹们点击关注、积极评论啊，每个人的问题我都会认真回答的！”开场便说出了要教给大家化各种眼妆，有学习需求的用户自然不会轻易走开。

物质引导

人对物质有着天性的追求，特别是一些轻易就能获得的。直播中可以采取物质奖励活动引导用户关注、评论和分享，用户会抱着“试一试”的心理，积极参与活动，以期获得额外的奖励。

在具体操作中，物质引导用户关注、评论和分享的方法主要有三种，如表7-10所示。

表7-10　物质引导用户关注、评论和分享的方法

方法	玩法	话术举例
关注后私聊领礼品	用户点击关注后，私信收货地址给博主，便可以获得精美小礼品	新来的亲们，点击头像关注我，私聊有神秘小礼物
优质评论抽奖	用户在直播时积极发表评论，且评论内容优异，便获得了抽大奖的机会	老铁们，评论可以参与抽奖，有机会获得华为P30手机
分享送折扣券	用户分享直播后，截图给博主，便可以获得购物折扣券	老铁们，欢迎分享直播信息，分享的截图发给我，送五折折扣券一张

需要注意的是，为了证明物质奖励活动的真实性，小红书博主需要用手机将上一场直播给大家送的礼品、奖品、折扣券等截图，并将之展示给用

户。有了实实在在的证明，大家关注、评论、分享的积极性必然会更高。

7.6.3 巧用弹幕点燃直播间

小红书博主在直播时，还可利用弹幕和用户实时互动，提高他们的在场感和参与感，引爆直播间人气。

关键词互动法

很多小红书博主在和用户互动时，习惯的做法是让用户扣“1”、扣“2”，这种简单的方式虽然能够快速实现互动，但往往因为缺乏情感而导致互动效果较弱。解决这一问题的方法其实很简单，将扣“1”、扣“2”变为扣关键词。

小红书博主“我是小美丽”在直播带货时很善于利用弹幕和用户互动，引导用户用关键词来评论。“我是小美丽”会引导用户针对活动内容、品牌名称、才艺展示等进行关键词评论，以统一的关键词语强化用户的在场感，强化他们的参与度。比如在一次直播中，“我是小美丽”问大家喜不喜欢看她的直播，喜欢的话就在评论区扣“AWSL”。一时间满屏都是“AWSL”，用户下单的情绪也被调动起来。“AWSL”源自“啊，我死了”的拼音首字母缩写，当用户在直播中感受到兴奋、快乐或幸福时，便会产生强烈的情感冲击，而“AWSL”便是用户抒发这种情感体验的关键词。

具体而言，小红书博主可以引导用户使用三类弹幕关键词提升直播参与感，如表7-11所示。

表7-11 提升直播参与感的弹幕关键词类型

类型	内容	举例
情感关键词	具有较强情感力的关键性词语	爱豆们，快刷一波“注入灵魂”
利益关键词	和用户利益相关的关键性词语	亲们，刷一波“抽奖啦”
气氛关键词	快速点燃直播间气氛的关键性词语	老铁们，刷一波“666”

在线游戏法

博主还可利用弹幕开展一些游戏，用游戏提升用户参与感，提高他们的活跃度，最终提升直播转化率。

具体而言，小红书博主可以通过弹幕开展的在线游戏，如表7-12所示。

表7-12　弹幕上在线游戏的互动方法

方法	内容	举例
在线问答	小红书博主提出问题，用户弹幕回答或者用户提出问题，博主在线回答	提出一个“什么坚果最有营养”的问题，呼吁用户用弹幕给出答案
猜哑谜	小红书博主可以用动作向用户传递某种信息，邀请用户用弹幕给出答案	摆出一个动作后说：“老铁们，谁能猜出我想说的话是什么？”
弹幕投票	小红书博主开启某项投票活动，邀请用户利用弹幕投出宝贵一票	博主喊道：“这三个牌子的防晒霜，大家觉得哪个好，快来投票啦！”

活动引爆法

活动引爆法是指小红书博主直接在弹幕上开展宣传活动，利用活动特有的互动性引导用户开启“弹幕雨”，提升直播间气氛。以下两种宣传活动经常在弹幕上开展：

（1）“发弹幕得红包”活动。用户发布博主要求的弹幕内容后，直播截图截到谁，谁就可以获得红包。比如小红书博主可以说：“现在是红包时间，大家都来扣‘我爱你’，截图截到谁谁便能获得222元大红包。”

（2）弹幕抽奖活动。小红书博主将弹幕作为抽奖活动的钥匙，用户通过发布博主要求的弹幕参与抽奖，比如小红书博主可以说：“亲们，告诉大家一个好消息，这次直播我们准备了10个华为手环，现在大家开始扣‘我爱你’，每次截图中第一位用户为中奖者。”

第8章

五大盈利模式挖掘人生第一桶金

小红书博主持续输出内容，打造个人品牌，最终目的大都在于流量变现——获取丰厚的经济收益。那么如何才能快速完成变现呢？小红书博主可以结合自身实际，从五大盈利模式中选择适合自己的淘金方式。

8.1 广告变现

广告变现既是较常见的变现方式，也是较适合小红书博主淘金的变现方式。具体操作时，小红书博主有两个选择：一是接入小红书蒲公英平台，通过和小红书官方合作完成广告变现；二是直接和品牌投放商合作，通过自营广告变现。

8.1.1 接入小红书蒲公英平台

小红书蒲公英是小红书官方推出的优质创作者商业服务平台，其功能是更精准地连接品牌商和小红书博主，为想要投放广告的品牌方推荐合作伙伴。因此，想要快速利用广告进行变现的小红书博主，接入小红书蒲公英平台是一个不错的选择。

为了提升变现成功率，小红书为申请接入小红书蒲公英平台的博主设置了两个条件，如图8-1所示。

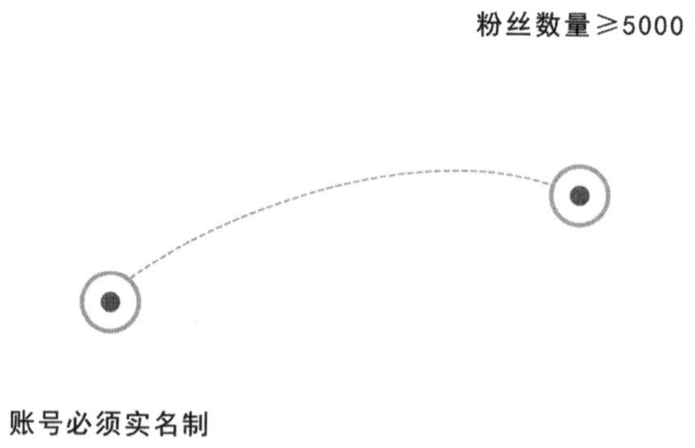

图 8-1 小红书蒲公英平台接入条件

满足条件的博主可以使用手机登录小红书App，点击“我”→左上角三道杠标识→“设置”→“功能申请”→“品牌合作”，即可进行品牌合作功能申请。申请通过后，小红书博主可以在“消息通知”→“商业合作”中查看品牌合作邀请，选择可以合作的品牌方后，点击“感兴趣”，便可和对方进行私信联系，沟通合作详情，获得广告收益。

8.1.2 自营广告变现

除了接入小红书蒲公英平台，通过官方接洽品牌方获得广告收益外，小红书博主还可以利用自营广告完成变现，获得人生的第一桶金。自营广告中的“自营”主要表现在三个方面，如图8-2所示。

1 小红书博主自主推广

2 小红书博主自寻品牌合作方

3 自主确定广告内容和表现形式

图 8-2 自营的三个表现

那么小红书博主可以通过哪些自营广告淘金呢?

软文广告

所谓“软文广告”，是指通过软性宣传的文字、图片引导消费者的广告模式，这种表达方式的目的性并不明显，仿佛在讲故事，或者在分析一种生活理念，因此通常不会引发人们的排斥心理。

小红书博主利用软文广告变现时，需要秉承以下三个原则。

（1）广告内容和小红书账号属性契合。比如，小红书博主的账号定位于历史领域，那么软文广告可和历史书籍、藏品等相关；假如定位美食领域，软文广告则可涉及零食、探店、试吃等。

（2）有创意，幽默感强。有创意且幽默感强的软文有感染力，对用户有较强的吸引力，被用户认可的概率自然会更高。因此，在写软文广告时，小红书博主需要持续创新，不断提升文字和语言的幽默感，比如利用段子的诙谐搞笑属性提升软文广告的吸引力。

（3）有故事，可读性强。人人爱读故事，当广告本身就是一个超级吸引用户的故事时，它便摆脱了广告“被讨厌”的属性，成为用户口口相传的经典。小红书博主可以将产品嵌入故事中，也可以围绕产品设计故事。

视频广告

相对于文字广告，视频广告更生动、更直观、更易于吸引用户，因而推广效果更佳，更为品牌方所青睐。但需要注意的是，硬性的视频广告往往是用户眼中的“敌人”，很容易引发用户的厌恶之情。因此，想要做好视频广告，小红书博主还需要掌握一定的技巧。

那么如何才能做好视频广告呢?

（1）做成产品情景视频。这种视频广告是为产品或企业定制的情景剧，以产品或企业为中心演绎情节，因而在用户眼中没有丝毫的广告性，可接受程度非常高。比如将产品广告做成一次网购拆箱视频，用户对产品会更有印象。

（2）把品牌作为某一镜头的背景。将品牌作为镜头背景，能够有效地激发用户的好奇心，吸引他们的眼球。比如，主要人物活动的场景中多次出现某个品牌的logo，往往容易成为用户关注的焦点。

（3）让产品作为视频中的道具出现。广告产品以道具出现，以特写镜头呈现在用户眼前，这种视频广告形式更自然、更具情景感，运用得当往往能够取得更佳效果。比如三个朋友相聚在一起，举杯畅饮，所喝的啤酒便是广告产品；主角跳舞时所穿的衣服，也可以是广告产品。

（4）片尾才插播广告。这种视频广告方法较为常见，当视频结束后，在片尾插入广告，并不影响用户的观看体验。

直播广告

除了视频广告外，小红书博主还可以在直播中插入广告，完成变现。相对于视频广告，直播广告互动性更强，更易于引发用户的二次传播行为。比如在直播中，小红书博主亲自体验广告里的产品，谈操作，谈感受，往往能够吸引用户的“弹幕攻势”，引发用户的热烈讨论。

那么如何在直播中插入广告呢?

（1）启动封面。直播启动之前的封面可以设置成广告，用户在观看之前都会点击此封面，继而实现预期的广告效果。

（2）设置背景图。可以将直播间的背景图设置为产品的宣传图，这样一来，用户在观看直播时便会“顺带”观看产品广告。

（3）把产品当作直播工具或道具。将产品作为直播时的工具或道具，可有效激发用户的好奇心，比如直播用的电脑、博主穿的衣服、桌子上摆放的物品等。

（4）博主直接试用。博主直接试用广告产品，向用户讲述产品的具体功能以及使用体验，可以有效地刺激用户的消费欲望。

8.2 知识变现

知识是无价的，但在小红书平台上，知识却是有价的——小红书博主可以通过开设付费课程和付费专栏的形式，将自己的专业知识变换成真金白银。

8.2.1 开设付费课程

对于小红书博主而言，开设付费课程是一个非常不错的变现途径。正所谓“学海无涯”，特别是在当前社会竞争异常激烈的大背景下，各行各业都在拼知识拼能力，要想在竞争中立于不败之地，就必须持续学习，不断打磨自己。

博主“魔都妈妈黛西”在小红书平台上拥有粉丝58万（截至2023年1月），开设了两门课程，分别为《思维导图学习法》和《从0到1，带你成为百万博主》，其中《思维导图学习法》一节为198元（如图8-3所示），《从0到1，带你成为百万博主》一节为98元。“魔都妈妈黛西”的日常笔记内容则和这两门课程相关，一方面吸粉引流做宣传，另一方面间歇性地引爆话题。

图 8-3 《思维导图学习法》课程

有知识、会引流，小红书博主“魔都妈妈黛西”依靠开设的付费课程迅速完成了变现，取得了良好的经济效益，短短3个月时间就赚了8万多元。

“魔都妈妈黛西”的课程之所以如此受欢迎，原因有以下三个：

（1）定位精准。“魔都妈妈黛西”的课程定位于“改变思维，改变命运”，致力于向有志在小红书平台上做出一番事业的特定人群传递自媒体运营理念和运营技巧。这种课程定位，对自媒体运营人员产生了巨大的吸引力。

（2）包装得当。“魔都妈妈黛西”的课程包装得当，简单而不失吸引力，其课程有完整的目录、简介、购买须知等，且课程封面非常精美，富有成功者特有的精英气质，因此对用户极具吸引力。

（3）推广有效。通过自推和外推，“魔都妈妈黛西”进入越来越多用户的视野，被越来越多的用户所熟知，继而吸引了更多用户付费购买课程。

由此可见，要想通过开设课程成功变现，需要做好以下三个方面的工作。

定位精准

要想通过课程变现，首先要定位好课程，只有课程定位精准、有价值、有市场，用户才更乐于掏腰包。

小红书付费课程的定位方法，如图8-4所示。

图 8-4　小红书付费课程的定位方法

设计课程计划

付费课程必须有计划，有让用户心甘情愿持续掏钱的理由。因此，小红书博主必须首先制订课程计划，打造出内容体系化、价值点满满的课程。

在制订课程计划时，小红书博主可灵活选择以下两种方法。

（1）大纲式课程计划。课程目标人群是谁？课程分几个部分？具体采用何种方式授课？新内容推出的周期是一周还是两周？这些都需要小红书博主在大纲中加以明确。

（2）方案式课程计划。方案式课程计划明确了小红书博主实现目标的具体方法。

①明确目标。小红书博主的课程目标是什么？比如“教用户掌握年终汇报PPT技巧”，确保付费课程计划有的放矢。

②将目标分解为各阶段行动。将总目标分解成各阶段的行动，如周一讲“PPT速成”，周二讲“领导眼中最优秀的PPT”，周三讲“最佳年终汇报PPT养成”……

③收集反馈，持续改进。方案式课程计划并非一成不变，而是要根据用户的具体反馈持续改进。因此，小红书博主需要持续收集用户反馈，针对用户在学习中遇到的问题，不断改进课程。

做好推广

课程再好，如果用户丝毫不知，变现起来也会千难万难。因此，想要顺利完成课程变现，小红书博主必须做好推广，具体有以下几种方式。

（1）分销。小红书博主可以学习市场上常用的分销推广法，给予分销用户一定比例的佣金，如10%、15%等，以金钱刺激用户分享课程信息，将他们变成自己的课程推广员。

（2）社群答疑+抽奖。小红书博主需要创建报名群、学习群，方便用户报名和学习。另外，通过这些社群，小红书博主可以在第一时间解答用户关于课程的各种疑问，继而坚定部分想买但又犹豫的用户的下单决心，促进课程的销售。同时，为了提升社群活性，小红书博主还需要定期举办抽奖活动，打造参与感，提高用户分享的积极性。

（3）拼团。小红书博主可以采用拼团方法，提升用户付费的积极性。

比如将课程设置成2人团，只要某个用户在2天内拉到另一个用户参团，即可享受课程优惠价。

（4）一对一私聊。现实生活中，很多用户工作非常忙碌，没有多少时间查看微信群消息、微信朋友圈消息。因此，小红书博主可以采用一对一私聊的方式向他们推送课程信息。

8.2.2 开设付费专栏

所谓小红书“付费专栏”，是指用户需要支付一定费用才能阅读或观看的小红书精品内容产品。小红书博主只要有足够的原创知识资源，不管是新闻类、小说类还是心理类、恋爱类等知识内容，都可以通过付费专栏的形式变现为真金白银。

具体而言，小红书的付费专栏具有三大特点，如图8–5所示。

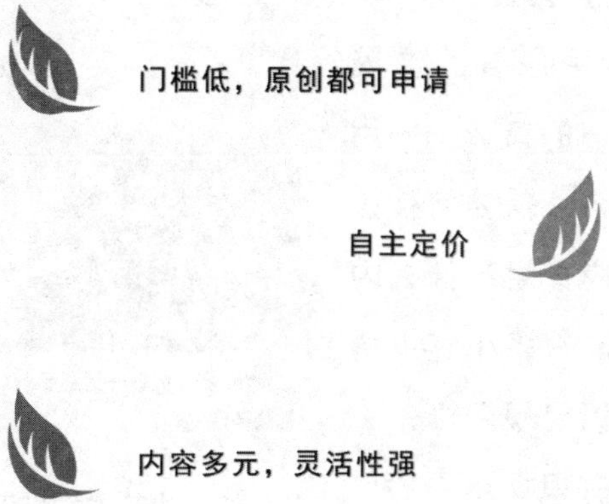

图 8– 5　小红书付费专栏的特点

举个例子。小红书博主“芥末婉婉”专注于绘画知识分享，因为知识点满满，技巧含金量高，其发布的专栏内容深受用户喜爱，如图8–6所示。

“芥末婉婉”的专栏笔记之所以深受用户喜爱，主要是因为其具备两个方面的特征：

（1）针对性强。“芥末婉婉”的专栏笔记主要针对有绘画学习需求的特定用户群体，专业性强，卖点突出，定位非常精准。

（2）实用性强。“芥末婉婉”的专栏笔记内容干货多，实用性强，技巧简单易上手，性价比相对较高，对用户提升自身价值具有很大的帮助。

那么在具体运营中，小红书博主如何才能做好付费专栏，快速完成变现呢?

按照用户口味生产内容

付费专栏是给用户看的，因此内容必须符合用户的口味——用户喜欢什么样的内容、需要何种技巧，小红书博主就应该生产什么内容、讲述什么技巧。很多小红书博主的付费专栏之所以变现困难，一个主要的原因是没有根据用户的口味生产内容，没有抓住他们的实际需求。

图 8–6 “芥末婉婉”的小红书付费专栏

那么如何才能抓住目标用户需求，做出他们真正需要的内容呢？想要解答这个问题，小红书博主可以从三个方面入手，如图8–7所示。

图 8-7　抓住用户需求的方法

（1）数据分析。在移动互联时代，任何浏览行为都会留痕，数据便是用户在小红书留下的足迹。因此通过分析目标用户在小红书上的数据痕迹，如爆款笔记点击数、阅读数、转发量等，小红书博主可以总结出用户喜爱的内容类型，继而找出他们的真正需求。

（2）场景分析。用户有很多分类方法，如年龄、地域、行为、性别、收入等，通过场景分析能够准确地把握用户的需求，继而让自己的专栏内容更具吸引力。

（3）联想和创意。当小红书博主想破头也找不到用户的实际需求时，可以将自己代入目标用户的视角做联想，发挥想象和创意。比如想要找到上班族的实际需求，小红书博主可以做如下联想：上班族起早贪黑，起得早就吃不上早餐；回得晚，晚餐就没着落。由此可以得出结论：早餐和晚餐是上班族的需求痛点。

提升颜值

专栏内容除了要对用户的口味外，还需要提升颜值，做好包装。要知道付费专栏和超市中的商品本质上是一样的，如果没有精美的包装，其便难以在短时间内吸引用户的关注，更不能激发他们的消费欲望了。因此，付费专栏建立后，并非仅仅定期上传付费内容就万事大吉，还需做好包装。

付费专栏的包装方法如图8-8所示。

图 8–8 付费专栏包装方法

8.3 电商变现

相对于其他平台，小红书的商业属性尤为明显，不管是发布笔记分享自己的产品使用心得，还是开箱种草，抑或直接开设店铺，只要小红书博主操作得当，持之以恒，便可淘到真金白银。

8.3.1 找到最适合的电商变现方式

有了流量和人气，小红书博主便可在小红书上尝试电商变现。电商变现的方式较多，小红书博主需要结合自身创作领域、产品等因素找到最适合的方式。

具体而言，小红书博主通常可以通过以下三种方式进行电商变现。

直接开设店铺

小红书上开店为“零门槛”，只要注册了账号，不管粉丝多少，都可开设店铺。小红书上开店流程为：点击“我”→左上角三道杠标识→“创作中心”→“更多服务”→“开通店铺”。点击“开通店铺”后，便会进入申请页，之后点击“立即入驻”，进入“店铺申请”页后，按照提示选择店铺类型（如图8–9所示）、经营类目，并填写个人真实信息，点击“确认提交”

按钮即可。

比如，截至2023年1月4日，拥有424.7万粉丝的小红书博主“七颗猩猩”，便在小红书平台上开设了店铺，销售契合年轻女性审美的服装。一方面，“七颗猩猩”通过持续发布干货笔记，源源不断地为店铺引流，提升了商品销量；另一方面，通过在视频中身穿店铺售卖的服装出镜种草，直接引爆，继而带动店铺商品的销售。

为其他店铺带货

假如自己没有货源，小红书博主如何利用电商的形式完成流量变现呢？方法很简单，变身代理商，为平台上其他店铺带货即可。

具体操作方法，如图8-10所示。

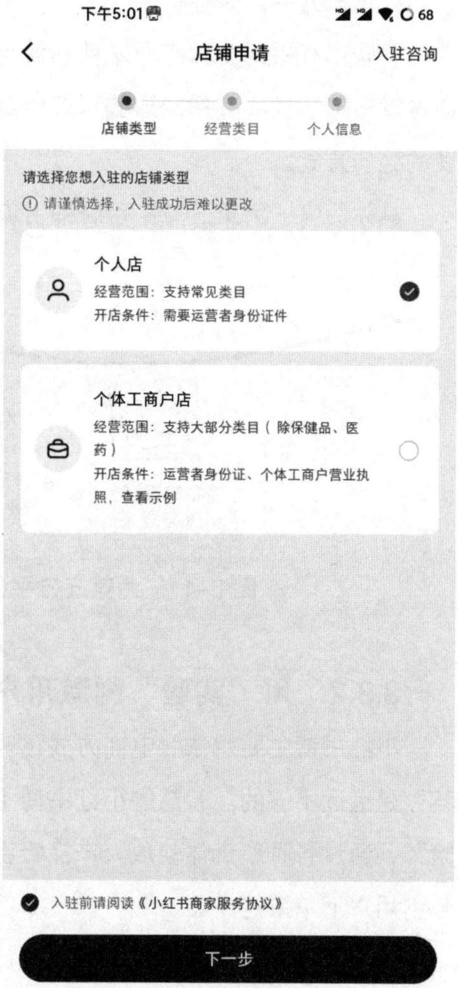

图8-9　小红书店铺申请页

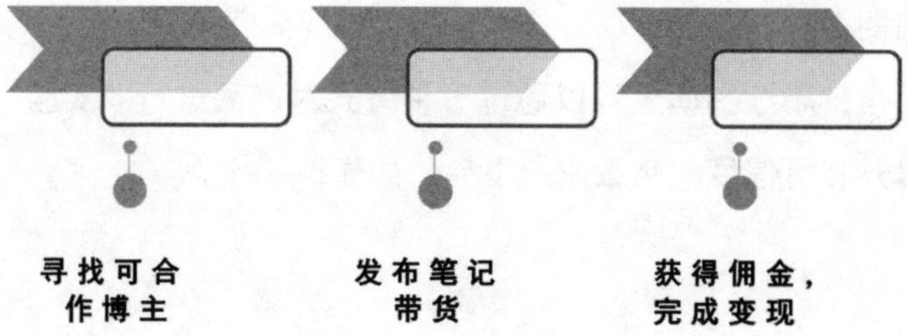

图8-10　小红书博主为其他店铺带货的变现步骤

为第三方平台店铺引流

一些小红书博主其实原本就在淘宝或是其他电商平台开有店铺，则可以通过发布笔记或者直播的形式积聚流量，为自己的店铺引流，这也是电商变现的绝佳方式之一。

具体而言，为第三方平台店铺引流的变现步骤，如图8-11所示。

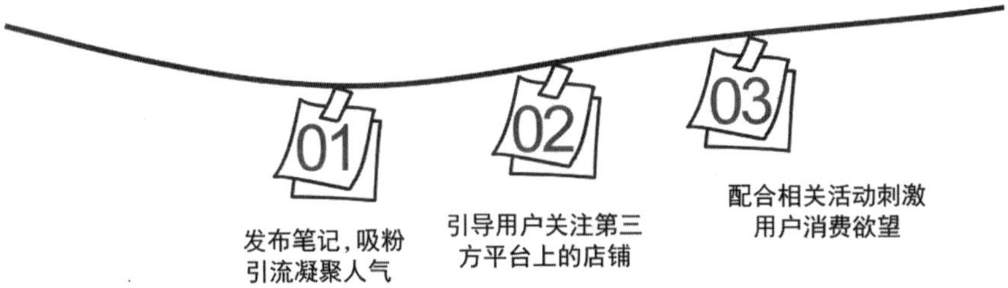

图 8-11　为第三方平台店铺引流的变现步骤

8.3.2　用“实验”刺激用户消费

小红书博主要想依靠电商方式迅速实现流量变现，仅仅依靠所谓的“推荐”是远远不够的。智慧的小红书博主除了推荐分享之外，还会亲自做“实验”，通过各种新奇体验放大产品吸引力，给予用户更强烈的安全感，继而吸引用户下单采购产品。

比如小红书博主“鱼大大鸭”，每篇视频笔记总会亲自出场，或调制泡面，或腌制牛肉酱，将美食的特色和体验完美地展示给用户，如此，用户才会一看再看，对视频中出现的物件念念不忘，继而对其推荐的产品产生强烈的信任感和期待感。

具体而言，小红书博主可以通过三种方式对产品进行“实验”，展示其高品质，提升其可信度，刺激用户下单，如表8-1所示。

表8-1　小红书博主对产品进行“实验”的方法

方法	内容	举例
亲自试用	不管笔记中展示的是服装、食品还是化妆品，小红书博主都亲自试用，并总结试用心得	服装可以试穿，为用户展示服装的穿搭效果
极限测试	在笔记中进行各种功能极限测试，用极限环境中的产品品质征服用户，收获用户信任	40度高温环境下，测试某品牌粉底的防水性能
创新体验	通过各种创意十足的游戏、实验或活动，为用户带来新奇体验，使产品达到宣传目的	使用某品牌电脑进行游戏，配上有趣、有梗的解说

8.4　直播变现

随着直播行业的大火，小红书博主通过直播进行变现变得越来越容易。直播虽然火热，但假如切入点不对的话，小红书博主即使付出再多的努力，最终也可能竹篮打水一场空。因此，想要顺利通过直播的方式完成变现，小红书博主首先需要找到适合自己的直播淘金方向。

8.4.1　用才华赢得用户打赏

直播时，用户给小红书博主打赏，之后小红书博主便可在“钱包”中提现完成变现。但需要注意的是，这种方法对小红书博主的才华展示有很大要求——普通的展示往往不会激发用户的打赏行为，有趣、极致、有用的才艺和价值输送才会触发用户的打赏行为。

比如小红书博主“教画画的小龙虾”，每次直播都看点十足。

（1）传授一种绘画技巧。每次直播，“教画画的小龙虾”都会分享自己总结出来的一种绘画技巧，将看似很难的绘画变成“小意思”，可谓干货满满，能够让用户在直播中收获真正的价值。

（2）考点讲述。“教画画的小龙虾”在直播中不仅分享绘画技巧，还对艺考考点有精彩而独到的分析，能够帮助用户更好地掌握知识点。

因此，大家对“教画画的小龙虾”的每次直播都非常期待，直播时使用弹幕进行“疯狂输出”，不仅互动积极性非常高，打赏也非常慷慨。

可见，直播越有干货、小红书博主越有才华，被用户打赏的可能性就越大，获得的收入自然也就越多。

通常而言，用户的打赏可以分为两类，如表8-2所示。

表8-2　用户打赏类型

打赏类型	获得条件	举例
金钱打赏	小红书博主的直播干货满满，让用户获得了某种价值，或者非常有趣，令用户精神愉悦	小红书博主在直播时跳了一段高难度舞蹈，用户纷纷打赏
礼物打赏	小红书博主和用户之间建立了相当强的连接，成为用户持续关注的对象	用户购买直播间的“鲜花”“项链”等礼物打赏博主

8.4.2　直播带货

除了依靠用户打赏获得收益外，小红书博主还可以通过直播带货的方式完成变现。相对于视频形式，直播的实时性、互动性更强，对用户的吸引力更大，更能全方位展示产品的卖点，激发用户的消费欲望。

小红书博主“小迪迪迪迪迪迪”，粉丝只有15万，算不上头部达人，却凭借着夸张的表演和优质的图书推荐，在直播中受到众多用户的追捧，售出成千上万本书籍——在和读库的合作中，小红书博主“小迪迪迪迪迪迪”创造了2场直播获得24万元图书销售额的奇迹。

小红书博主“小迪迪迪迪迪迪”的成功，主要在于做到了以下两点：

（1）积累了大批种子用户。通过日常持续发布干货笔记、分享读书心得、讲故事、展现才艺，小红书博主“小迪迪迪迪迪迪”快速吸粉引流，并在“利他”“交心”等标签下，将用户变成了自己的朋友，获得了大批种子用户。

（2）直播时卖点突出。一方面“小迪迪迪迪迪迪”为作家出身，有非常强的文字驾驭能力；另一方面，其能生动再现每本书的价值点，将其和当前用户的生活完美地结合在一起，因此直播趣味性非常强，如同听故事，每次都能吸引大批用户围观。

可见，想要通过直播带货的方式变现，小红书博主需要具备两个硬性条件，如图8–12所示。

图 8–12　小红书博主直播带货变现的条件

具体而言，直播带货的方式主要有两种，如表8–3所示。

表8–3　直播带货的方式

带货形式	内容	举例
直接卖货	博主自己经营有店铺，利用直播引爆用户人气，在直播中销售自己的产品	店里的粉底我已经用了七八年，清爽、滋润，使用后皮肤看起来更滋润
为品牌带货	博主在直播中试用或分享某一品牌产品，在用户心中种草，获得佣金	昨天半夜饿得睡不着，突然想起上次网购的某品牌饼干……

8.5 流量变现

小红书博主除了利用小红书平台直接变现外，还可以通过引流的方式，在小红书之外的其他平台完成变现。比如有些垂直行业的小红书博主通过在小红书笔记中植入自己的抖音号，吸引用户关注自己的抖音小店，或为其他App、平台账号导粉，从而获利。

8.5.1 打造个人IP

随着移动互联网的快速发展，个人IP时代快速降临。所谓“个人IP”，是指自营销+自品牌——通过自媒体，个人能够依靠自身努力快速打响知名度，获得巨大影响力，在此基础上快速完成变现。

具体而言，个人IP可以通过三种方式进行变现，如表8-4所示。

表8-4 个人IP变现方式

变现方式	内容	举例
带货	当博主通过持续输出优质内容打响知名度后，便可以通过带货方式将流量变为金钱	和某品牌商合作，一起推荐其春节发布的系列新产品
社群	通过在微信朋友圈、微信群、QQ群等社群内分享价值内容，将流量变为实实在在的金钱	通过微信朋友圈和代理微商项目完成社群变现
图书	通过出版实体书的方式，将知识转化为金钱	和某出版商合作出版实体书

既然个人IP具备如此大的变现可能，那么小红书博主如何打造个人

IP呢？在实际操作中，小红书博主可以按照四步打造个人IP，如图8-13所示。

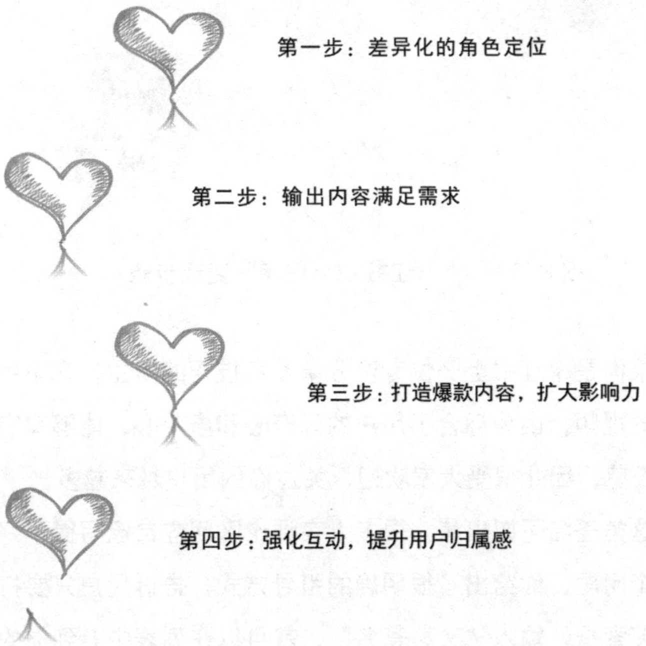

图 8-13　打造个人 IP 的四个步骤

8.5.2　小红书+小程序，组合式变现

除了在小红书平台打造个人IP外，小红书博主还可以通过“小红书+小程序”的方式快速将流量变为实实在在的收益。微信作为当前应用广泛的社交App，蕴含巨大的商业价值，而小程序是微信推出的颠覆诸多App的革命性平台，将小红书的庞大流量和小程序的便捷性高效地组合在一起，小红书博主便可找到适合自身的变现之路。

具体而言，“小红书+小程序”变现的步骤，如图8-14所示。

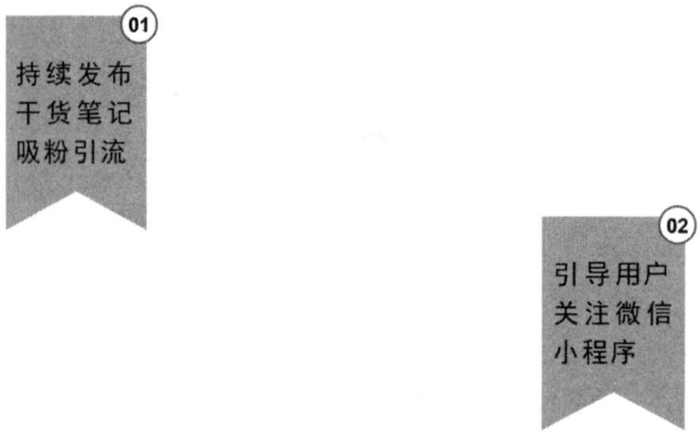

图 8-14　“小红书 + 小程序”变现步骤

比如，如果你是小红书上一位专注分享签名技巧的博主，几乎每周都会发布个性签名的视频，因为迎合了用户的好奇心和虚荣心，能够实实在在地提升用户的身份感，因此很受大家欢迎，关注你的用户越来越多。

事实上，这类签名可以出售。很多人在评论区回应自己写得不好也不会设计。针对这个问题，你给出了很明确的引导方式，告诉用户只要打开微信顶部的小程序搜索框，输入“× ×签名”，就可以在列表中看到你的小程序平台。而在这个小程序中让你设计签名是需要付费的，如此一来，你便成功地为自己的小程序做了引流，顺利完成了变现。